KB071943

CHINA
SOLUTION

중국 개혁개방 40년을 보는 한국학계의 시각

CHINA SOLUTION

중국 솔루션

성균중국연구소 기획
이희옥·양철 책임편집

성균관대학교
출판부

중국 개혁개방 40주년에 부쳐

1978년 12월, 중국공산당이 제11기 3중 전회를 통해 모든 역량을 사회주의 현대화 건설에 두기로 결정하면서 '개혁개방'을 추진한 지 40년이 되었다. 중국의 개혁개방은 대내적 개혁과 대외적 개방으로 구성되어 있다. 개혁과 개방은 동전의 양면처럼 분리될 수 없다. 개혁 없이는 개방이 있을 수 없고 개방 없이 개혁이 있을 수 없기 때문이다. 마오쩌둥 주석이 중국혁명을 통해 현대 중국의 기초를 세웠다면, 개혁개방의 총설계자로 불린 덩샤오핑의 개혁개방은 제2의 혁명으로 평가할 만하다.

　그러나 중국의 개혁개방은 단순한 발전전략이 아니라, 기존의 철학과 관념 그리고 사상해방 등 존재방식의 전환과 관련되어 있었다. 다시 말해 계획경제와 계급투쟁 등의 기존 패러다임을 극복하기 위해서는, 사회주의에 대한 대담한 변화 없이 새로운 정책을 추진하기 어려웠기 때문이다. 개혁개방 초기부터 1979년 미국과 수교하고 1980년 국제통화기금(IMF)에 가입하는 한편, 경제특구 설치를 시도한 것도 이러한 배경 때문이었다. 특히 1992년 덩샤오핑이 남쪽지역을 순례하면서 개혁개방의 방향과 사회주의 시장경제의 가능성을 제시한 '남순강화(南巡講話)'는 결정적 의미를 지녔다.

중국 개혁개방의 성공배경

중국의 개혁개방이 성공한 이유는 여러 가지가 있다.

첫째, 정치안정을 중심에 두었다. 개혁개방을 추진한 이래 '안정이 모든 것을 압도한다'는 점을 지속적으로 강조했다. 특히 중국은 문화대혁명을 겪은 이후 '전환의 마찰(transitional friction)'을 최소화할 필요가 있었다. 이를 위해 시장에 효과적이고 유능한 국가와 정부의 역할을 중시했다. 무엇보다 국가와 정부는 외자기업과 국내자본 사이에서 균형적 역할을 수행하면서 개혁개방의 뿌리였던 해외직접투자를 유치하고 보호했다. 중국이 2001년 세계무역기구(WTO)에 가입하기 전까지 이러한 기조는 대체로 지속되었다.

둘째, 경제발전 방식이다. 중국은 계획경제의 틀에서 벗어나 경제 활력을 강화하기 위해 과감한 돌파가 필요했다. 이는 혁신에 대한 강조로 드러났다. "전족한 여인처럼 걷지 말라"는 덩샤오핑의 메시지도 이를 강조한 것이다. 따라서 경제발전 방식도 혼합소유제를 도입해 재산권을 보장했고, 경제 조정 메커니즘을 전역으로 확산시켰다. 또한 국유기업 개혁 등을 통해 경직된 계획의 자리에 규획(規劃)과 시장을 배치했다. 뿐만 아니라, 사실상 불균형 성장을 통해 평등보다 효율을 강조했다. 이로 인해 '경제를 많이 말하고 부패를 적게 말하라'는 풍조도 널리 퍼졌다.

셋째, 사회정책을 통해 형성된 평균주의와 '철밥통'을 깼다. 이를 위해 농촌의 인민공사 해체와 함께 도시의 단위(單位) 개혁에 주목했다. 왜냐하면 개혁개방이 본격화되면서 도시의 단위가 해체되고 사회유동성과 사회적 활력이 높아졌기 때문이다. 즉 사회의 칸막이를 걷어내는 것이 개혁개방의 동력 확보에 결정적으로 중요했다. 물론 그 과정에서 개혁개방으로 혜택을 받지 못하는 사회적 약자의 어려움이 가중되었고 대중복지도 크게 후퇴했으며, 도시와 농촌, 연해지역과 내륙지역, 소득 격차가 확대되는 등의 부작용이 있었다.

넷째, 대외관계의 유연성이다. 개혁개방은 먹고사는 문제, 즉 '가난은 사회주의가 아니다'에 주안점을 두었기 때문에 대외정책에서도 도광양회(韜光養晦)라는 방어적 현실주의 노선을 취했다. 미국과의 종합국력의 한계를 줄곧 인정하고 중국의 국가이익에 직접적으로 영향을 주지 않는 한, 미국이 주도하는 국제질서에 대체적으로 순응하거나 선택적으로 대응했다. 이것은 국제문제가 국내의 개혁개방에 부정적 영향을 미치는 상황을 방지하기 위한 선택이었다.

다섯째, 이데올로기의 재인식이다. 중국은 개혁개방 초기에 계몽주의를 집중적으로 강조했다. 왜냐하면 서방의 경험을 수용하고 "중국의 것이 좋은 것이다"는 고정관념을 극복해야 했기 때문이다. 당시 중국 지도자들은 선진국에 대한 고찰을 통해 얻은 경험을 중국의 개혁개방 정책에 적극적으로 도입했다. 이 과정에서 채택된 '하나의 중심, 두 개의 기본 점'은 지금까지 개혁개방의 이데올로기로 자리 잡았다. 즉 '하나의 중심'인 경제건설을 관건적 문제로 파악했다. 덩샤오핑은 '남순강화' 당시 '사회주의에도 시장이 있고, 자본주의에도 계획이 있다'는 '성사성자론(姓社姓資論)', 사회주의를 판단하는 기준인 '세 가지 유리점(三個有利點)' 등을 제시했다. 이러한 이데올로기의 재인식은 선전(深圳)과 상하이에 주식시장을 세우고 세계무역기구에 가입하는 등 과감한 개혁개방을 추진하는 사상적 동력이 되었다.

새로운 개혁개방의 모델 전환을 위해

중국의 발전은 세계사에서도 유례가 없었다. 이는 '중국의 기적'으로 불렸으며, 중국학계에서도 '중국경험', '중국모델', '중국속도', '중국의 길'이라는 논쟁을 전개한 바 있다. 이러한 개혁개방의 결과, 경제적 성취는 물론이고 국제적 지위와 체제에 대한 자신감도 높아졌다. 더 나아가 중국식 지정학을 그리기 시작했다. '일대일로' 이니셔티브와 '신형 국제관계'를 제시한 것도 이러한 인식의 결과였다. 그러나 사회주의 정치체제, 사회주의적 시장경제, 강력한 사회통제 시스템으로 구성된 '철의 삼각'으로 형성된 중국모델은 시효를 다했다는 점에서 새로운 방향을 찾을 수밖에 없게 되었다.

첫째, 개혁개방의 결과, 사회의 유동성이 크게 증가했고 구조적 부패, 지대추구 행위(rent-seeking), 특권이 만연했다. 이러한 상황에서는 시장행위자가 줄어들게 되고 경제정책 결정 메커니즘도 소수에 독점되는 소중경제시장(small market economy)이 등장한다. 이런 점에서 개혁개방의 부정적 여파를 해소하기 위해 견제와 균형이라는 새로운 정치모델을 도입할 필요가 있다. 이것은 중국 스스로 강조하듯이 민심의 향배를 예민하게 포착하는 정신으로 되돌아가는 의미가 있다.

둘째, 과거 중국은 기업가적 지방정부의 역할을 강조했고 간부평가에도 업적주의를 강조했다. 그러나 이러한 GDP 만능주의는 지속가능한 발전에 부담을 주었다. 이를 극복하기 위해 불균형성장에서 균형성장으로, 재정과 수출주도형 경제를 소비중심형 성장으로 방향을 전환해야 한다. 중국은 새롭게 형성된 소비시장에 질 좋은 공급을 늘리는 "공급측 개혁"을 강조하기 시작했다. 그러나 국유기업을 비롯한 새로운 구조조정과 서비스·금융시장 개방과 같은 과감한 조치를 통해 보다 규범에 입각하여 국제경제 질서에 편입할 필요가 있다.

셋째, 중국공산당 제19차 전국대표대회 보고를 통해 주요 모순을 다시 해석했다. 과거 마오쩌둥 시기는 "계급투쟁 주요 모순"을, 덩샤오핑 시기는 "낙후된 생산력과 인민수요의 모순"이라는 생산력 주요 모순을 강조했다. 그러나 시진핑 시기에는 분배의 공정성이 약화되고 계층 격차가 크게 확대되었다. 이런 점에서 "대중의 아름다운 생활에 대한 갈수록 증가하는 욕구와 불균형적이며 불충분한 발전 간의 모순"으로 규정했다. 이런 점에서 시진핑 시기에는 민생 보호에 가장 중요한 정책의 우선순위를 두어야 한다. 서구에서 수입된 "Socialism"을 처음 중국에서 번역한 것이 '민생'이라는 점도 주목할 필요가 있고, 지식사회의 지적 자율성 확대, 열린 민족주의, 개방주의를 확대할 필요도 있다.

넷째, 중국은 문화가 융성해야 국운이 흥하고 문화가 강해져야 민족이 강성해진다고 밝혔다. 이를 위해 문화사업과 문화산업을 강조했다. 중국은 최근 자신감을 바탕으로 '중국식 가치', '중국식 표준', '중국식 보편'을 강조하기 시작했다. 그러나 진정한 소프트파워는 내가 상대에게 일방적으로 전파하는 것이 아니라 상대가 매력을 느낄 때 강해진다. 특히 동아시아에서 미국과 중국 모두 좋은 규범을 제공하는 데 한계가 있다는 점에서 중국이 주변지역과의 '민심상통'을 이루기 위해서도 상호교류와 개방을 보다 적극적으로 강화하는 것이 중요하다.

다섯째, 환경의 영역이다. 앞으로 중국의 환경 거버넌스는 필요조건이 아니라 필요충분조건이다. 제19차 전국대표대회 보고에는 '천년의 대계', '생태환경 보호를 위한 삼개삼(三個三)', 즉 3대 목표를 중심으로 3대 분야에서 두드러진 성과를 창출하며 3대 기반을 강화하고자 했다. 사실 중국은 지속가능한 발전을 위해서는 세계적 현상이 된 지구온난화에 대한 중국식 방안을 마련해야 한다. 지금과 같은 추세라면 상하이와 베이징이 없어질 수 있다는 '불편한 진실'에도 대비해야 한다. 즉 중국의 안정과 발전, 그리고 국제사회에서의 역할을 포함한 포괄적 환경대안을 제시하고 중국부터 실천할 필요가 있다.

중국의 개혁개방과 한반도

중국의 개혁개방은 이웃국가인 북한에도 지속적으로 영향을 미쳐왔다. 특히 한반도 긴장이 고조될수록 북한의 대중국 의존이 높아지면서 사회주의 정치체제를 유지하면서도 경제발전을 이룩한 중국은 북한에게 중요한 학습대상이었다. 특히 김정은 체제가 등장하면서 경제건설과 핵개발을 동시에 추진하는 병진노선을 버리고, 경제건설 집중노선을 채택했다. 중국의 11기 3중 전회와 유사하게 노동당 전원회의에서는 개혁개방이라는 용어를 사용하지는 않았지만 "당의 중점을 사회주의 경제건설에 집중"하기로 결정했다. 북한의 선택은 더 이상 역진하기 어렵다. 북한은 현재 휴대전화가 580만 대에, 470개의 장마당이 있으며 소비재의 빠른 국산화, 전국적인 건설 붐, 주민생활의 개선이 이루어지고 있다. 특히 북한의 배급체제가 무너진 상태에서 과거로 되돌아가기 어렵고, 김정은 위원장도 '업적에 의한 정당화(performance legitimacy)'를 시도하고 있다. 물론 중국과 지리적 환경, 경제규모가 다르기 때문에 북한이 중국과 같은 개혁개방을 선택하기 어렵지만, 대내적 개혁과 대외적 개방에서 점진주의와 점증주의(incrementalism)를 추진할 수밖에 없다. 문제는 '성공의 역설(irony of success)을 어떻게 방지할 것인가'이다. 특히 중국의 혁신역량이 증가하면서 북한도 제조업 기지를 제공하며 비교우위를 누리기보다는 제4차 산업혁명을 활용한 도약전략을 모색할 수도 있을 것이다. 북한과 같은 국가중심 사회는 사회적 거래비용을 줄이면서 산업을 육성하고 도시를 재건할 수 있는 초기조건을 갖추고 있기 때문이다.

이 책은 한국의 중국학계를 대표하는 연구자들이 개혁개방 40주년을 맞아 한국적 시각에서 이를 평가하고 그 함의를 발견하기 위해 기획되었다. 짧은 글 속에서도 중국 개혁개방 40주년의 윤곽을 파악할 수 있다고 판단된다. 뿐만 아니라 동아시아와 한국의 발전모델을 평가하는

'창과 거울'이 될 것이라고 생각한다. 이 책을 출판하는 과정에서 성균중국연구소의 양철 박사는 기획부터 편집까지 궂은일을 맡아 책답게 만드는 데 애를 썼다. 이어 '중국의 석학들이 보는 개혁개방 40주년의 평가'를 곧 선보일 예정이다. 독자 여러분의 아낌없는 성원과 질정을 바란다.

2018년 12월

편저자를 대신해 이희옥

차례

CHINA

SOLUTION

정치 · 외교

1장

중국정치의 경로의존, 명분과 의지

양갑용 성균관대학교 성균중국연구소

개혁개방 40년 동안 중국은 경제, 사회 등 여러 영역에서 눈에 띄는 변화를 겪었다. 경제지표의 총량이 증가했으며 시장화 추세는 심화되었다. 기업의 자율성이 확대되었고 산업구조도 고도화되었다. 자원배분에서도 시장의 원리가 폭넓게 수용되었다. 상대적으로 당과 국가의 직접적인 기업과 시장 통제는 많이 감소했다. 경제운용에 있어서도 자율성에 기반한 시장원리가 널리 확산되었다. 그러나 경제사회 변화에 비해 정치변화는 더디게 진행되고 있다. 오히려 19차 당대회 이후 정치발전이 퇴보하고 있다는 일각의 평가도 적지 않다. 당의 '집중영도'가 '집중통일영도'로 강화되고 있다. 당이 국가운영 전면에 나서는 상황이 다시 연출되고 있다. 이러한 변화가 이례적인지 아니면 경로의존적인지 깊이 있게 되돌아봐야 할 시점에 이르렀다. 왜냐하면 경제적 총량 변화가 정치의 총량 변화를 이끌었다고 흔쾌히 동의하기는 어렵기 때문이다.

경로의존과 새로운 관행

지난 40년 동안 중국의 정치변화를 한마디로 말하면 매우 경로의존적인 변화였다. 매 시기 새롭게 등장한 지도사상은 정치뿐만 아니라 경제사회 제반 영역에서 중국 변화를 이끌 새로운 이데올로기를 만들어냈다. 덩샤오핑의 개혁개방, 장쩌민의 삼개대표론, 후진타오의 과학적 발전관 그리고 시진핑의 중국특색 사회주의 사상 모두 사실 중국의 새로운 발전을 합리화하고 추동하는 실용적인 이데올로기였으며, 매 시기 대내외 환경을 인식하고 그에 대응하는 방식에서 차이가 있었을 뿐이다. 대부분 발전과 성장에 초점이 맞춰진 발전 이데올로기를 벗어나지 못했다. 이런 점에서 보면 개혁개방 이후 지도사상이나 지배이데올로기는 매우 경로 의존적이었다. 40년 동안 큰 차별성을 갖고 분화했다고 보기 어렵다.

이는 매 시기 필요한 정치적 역할 또한 경제지표 총량을 늘리기 위해서 어떠한 제도적인 지원이 필요한가라는 매우 실용적인 필요에 반응한 결과다. 즉 40년을 관통하는 이른바 '제도건설'이라는 것도 따지고 보면 중국이 경제성장을 하는 데 필요한 제도 지원 차원에서 정치가 기능했다는 것을 의미한다. 따라서 40년 동안 진행된 정치 변화, 특히 제도를 설계하고 수정, 보완하며 지속해온 일련의 과정은 사실 제도변화라는 이름으로 포장된 경제 성장과 발전에 정치가 수단적 가치로 복무했다는 것을 의미한다. 그리고 이러한 과정은 매 시기 특정 지도자가 바뀌면서도 큰 변화 없이 지금도 기저에 흐르고 있다. 따라서 지난 40년의 정치변화를 귀납적인 사고에 입각해 보면 몇 가지 매우 큰 변화를 목격할 수 있지만 연역적인 시각에서 보면 체제안정을 위한 과정이었다는 점에서 매우 유사한 변화 패턴을 보인다.

예컨대 지난 40년 동안 구시대 유산을 극복하고 새로운 미래를 설계하는 데 있어 이데올로기의 영향 혹은 사상과 이론의 영향이 경로 의존적으로 나타났다. 구질서를 무너뜨리기 위해서는 구질서를 대체할 만한 그리고 대체해야 하는 새로운 이데올로기가 필요하다. 새로운 이데올로기는 구질서를 해체함으로써 사회적 정당성을 획득하게 된다. 이러한 정당성은 새로운 이데올로기가 사회적 합의를 바탕으로 새로운 질서를 만들어내는 사회통합적 역할을 수행하는 데 기여한다. 물론 이렇게 만들어진 새로운 이데올로기는 새롭게 건립된 신질서의 사회통합에 결정적인 역할을 한다. 이러한 체제안정의 통합 논리가 지속적으로 반복되면서 중국사회는 매우 경로의존적인 정치관행 혹은 패턴을 만들어낸다.

중국의 정치변화 역시 개혁개방 40년 동안 이러한 관성화된 패턴의 변화에서 크게 벗어나지 않았다. 개혁개방 이후 매 시기 중국이 강조하는 사상과 이념, 즉 이데올로기는 여러 이름으로 달리 불렸을지 몰라도 그 패턴과 행태는 매우 일정한 규칙성을 갖고 사회안정과 체제안정에 복무해왔다는 것이다. 예를 들어 문혁의 해체는 문혁 안에서 배태된 이데올로기에 의해서 해체의 수순을 밟았다. 그리고 이를 이끌었던 다양한 논쟁은 개혁개방이라는 이데올로기로 치환되어 문혁 이후 사회를 통합하는 데 새로운 역할을 수행했다. 개혁개방의 시작이 바로 구질서를 해체하고 새로운 사회통합의 이데올로기를 만들어냈다는 점이다. 즉 현대화로 전환한다는 논리가 문혁을 해체시키는 논리인 동시에 개혁개방을 착극시키는 논리로도 작용했다. 이러한 이데올로기의 이중적인 역할은 전환의 시기에 체제를 안전하게 유지시키는 데 유용한 역할을 수행했다.

　　비록 덩샤오핑 이후 시진핑에 이르기까지 그들이 제시하는 다양한 이념과 사상, 논리가 서로 다른 듯 포장되어 있지만 그 내면을 보면 체제안정 그리고 성장과 발전이라는 목표에 한치도 흔들림 없이 복무해야 한다는 점에서는 큰 차이를 보이지 않는다. 따라서 지난 40년 동안 중국정치가 추구해왔던 다양한 변화의 모습도 엄밀하게 들여다보면 중국 체제안정에 기여하고 중국의 성장과 발전에 어떻게 기여해야 하는지에 대한 매우 깊은 사고의 실천행위라 할 수 있다. 즉 제도변화로 통칭되는 지난 40년의 정치변화는 수단적 가치로서의 제도가 갖는 최대한의 효용적 가치를 체제안정을 위해서 반드시 필요한 중국의 성장과 발전에 기여하게끔 정치자원을 배치한 결과이며 그 과정이라고 말할 수 있다. 물론 이 과정에서 중국공산당의 통치 정당성과 합법성을 더욱 강화하고 심화하는 방향으로 사회적 명분을 중시하는 변화를 몸소 실천했다.

사회적 명분 획득 과정으로서의 정치

중국정치의 경로의존적 측면에서 보면 사실 지난 40년 동안 중국정치는 큰 틀에서 변화를 겪었다고 단호하게 말하지 못할 수도 있다. 거시적인 차원에서는 매우 경로의존적인 행태를 보였기 때문이다. 즉 기존 정치 관행을 그대로 답습하거나 기존 관행에 약간 자신의 색깔을 입히는 수준이었다. 즉 덩샤오핑이 추진한 개혁개방 역시 마오를 완전히 부정하고 새로운 자신의 색깔을 완벽하게 드러낸 것은 아니었다. 1981년 역사

문제에 관한 결의를 통해서도 마오쩌둥의 '공(功)이 7이고 과(過)가 3'이라는 어정쩡한 입장을 고수했다. 덩샤오핑에게 마오의 유산은 거부할 수 없는 또한 거부해서는 안되는 중국 역사 그 자체이기 때문이다. 따라서 개혁개방을 통해서 새로운 중국을 건설하고자 한 덩샤오핑 역시 기존 질서에 순응하고 관행을 받아들이는 대전제에서 새로운 질서를 조금씩 입히고자 하는 매우 수동적인 접근의 길로 나갈 수밖에 없었다. 이러한 수동적이며 관행을 따르는 자세는 덩샤오핑 이후 장쩌민, 후진타오 시기에도 그대로 반복되었다.

장쩌민은 삼개대표론을 통해서 사회변화를 당이 폭넓게 담아내야 한다고 말했다. 그리고 사실 사회변화를 당의 틀 내에 담아두려는 기대를 가지고 삼개대표론을 주장했다. 당이라는 틀 안에서 자본가도 중국공산당의 대의에 동의하면 과감하게 수용했다. 마치 왕조는 바뀌더라도 제국은 유지되었던 과거 전통사회의 중국과 매우 흡사하다고 볼 수 있다. 후진타오의 과학적 발전관 역시 성장과 분배에서 성장을 포기하고 분배로 나간 것이 아니었다. 성장 속에서 분배를 추진했다는 점이다. 중국의 파이를 키워야 한다는 기존 관행이 그대로 유지되는 선에서 분배를 강조했다. 다만 두 사람은 대의에 순응하고 기존 관행에 동의하면서도 그것을 이루기 위한 방법론에서는 약간의 차이를 보인다. 물론 이러한 차이는 당의 통치 정당성과 합법성을 어떻게 가져가야 하는지에 대한 사회적 명분을 축적하는 방식의 차이를 의미한다. 근본적으로 당의 통치 그 자체에 대해서는 이견이 있을 수 없다.

이 점에서는 시진핑의 시각과 관점도 큰 차이를 보이지 않는다.

다만 그 방식에서 시진핑은 오히려 당을 전면에 내세우면서 당이 모든 것을 압도하고 지도해야 한다는 급진적인 방식을 취하고 있다는 차이만 있을 뿐이다. 이는 장쩌민과 후진타오와 달리 당이 전면에 나서서 개혁을 이끌고 가야 통치 정당성과 합법성의 제고에도 도움이 되고 국가발전에도 도움이 된다는 사회적 명분 획득 차원에서 당으로의 권력 집중을 선택한 결과라고 할 수 있다. 즉 사회적 명분을 어떻게 획득하느냐에 따라 그 수단과 방식의 차이가 있을 뿐 중국이 어디로 가야 하고 중국공산당이 어떤 역할을 해야 하는지는 기존 지도자들과 크게 차이가 없다는 것이다. 이는 아마도 시진핑 역시 기존 관행을 충실히 따르는 경로의존적 측면에서 크게 벗어나지 않고 있다는 것을 설명해준다. 다만 시진핑이 장쩌민이나 후진타오와 다른 점은 기존 관행의 계승과 지속을 받아들이는 선에서 변화와 발전이라는 자신의 색깔을 좀더 분명하고 확실하게 넣고 있다는 점이다. 물론 이러한 변화가 패러다임적 변화로 읽히기도 하고 때론 그렇게 해석하는 것이 적실성을 가질 때도 있기 때문에 거시적인 맥락에서 시진핑 시기의 정치변화 관찰이 필요한 것은 주지의 사실이다. 특히 여기에는 최고 지도자로서의 현실인식과 이를 관통하는 강력한 의지가 녹아들어가 있기 때문이다.

결국 지난 40년 동안 중국의 정치변화는 경로의존적인 패턴의 반복이며, 그 패턴의 반복에서도 사회적 명분을 획득하기 위한 수단과 방법으로서 차이가 엄연히 존재했다. 이러한 관행과 명분은 결국 내외부 환경을 어떻게 인식하고 그것을 어떻게 돌파할 것인가라는 최고 지도자의 의지가 결합되어 나타난 변화라고 할수 있다. 따라서 대부분 정책은 매우 유사하게 나타났으나 명분 획득 과정에서는 수단적 가치로서 어떠한 자원을 어떻게 사용하느냐에 따라 약간의 차이를 보였으며 이러한 차이에 지도자의 의지가 동력으로 작용하고 있다. 이를 구체적인 몇 가지 사례를 통해서 지난 40년 정치변화를 검토하고자 한다.

개혁개방 40년 몇 가지 변화

기구개혁 추진과 정부기구의 합리화. 지난 40년 동안 중국 정부기구는 크게 여덟 차례 개혁의 과정을 겪었다. 1978년부터 2018년까지 40년 동안 1982년, 1988년, 1993년, 1998년, 2003년, 2008년, 2013년, 2018년 등 여덟 차례 정부기구개혁이 진행되었다. 이를 편의상 세 단계로 나누면 중국이 세계무역기구(WTO)에 가입하던 2001년까지 첫 단계, 2009년 세계 금융위기가 닥친 이후 중국의 대응을 마련한 두 번째 단계, 마지막으로 18차 당대회 이후 당의 집중통일영도가 강조된 세 번째 단계로 나눌 수 있다. 위 세 단계 개혁은 모두 기구조정, 기능변화, 편제변화, 제도 건설 등 네 가지 방면에서 진행되었다. 그리고 그 폭과 깊이는 관행의 수용과 명분의 획득 외에 최고 지도자의 변화 의지가 깊게 작용했다.

먼저, 관행 차원에서 기구개혁 역시 기존 관행에서 크게 벗어나지 못했다는 점에서 매우 경로의존적이었다. 경제 전환 요구에 부응하기 위한 기구 간소화와 변화하는 환경에 적용하는 효율적인 정부기구 구성, 그리고 인원 조정의 합리적 요구에 기초해서 주로 기구 통폐합 등 기구조정, 직능 변화, 그리고 인원의 인위적인 대규모 조정으로 나타났다. 그 행태는 매우 관성화되어 기구의 축소, 팽창, 다시 축소, 다시 팽창의 악순환이 반복되었다. 이에 따라 관성적인 기구개혁이 5년마다 반복되었다. 여기에 고질적으로 부문 간 울타리나 소통 부족, 관료 집단 이기주의 등은 철도부와 교통운수부라는 두 기구가 병존하는 기이한 현상까지 초래하기도 했다. 따라서 경로의존이라는 기존 관행 측면에서 보면 기구개혁은 큰 틀에서 관행의 답습 혹은 일시적인 축소와 팽창이 반복되었을 뿐이다. 이는 기구개혁이 갖는 사회적 명분을 획득하는 데도 크게 기여하지 못했다. 오히려 대부제(大部制) 개혁을 둘러싼 갈등은 합리적인 기구 조정을 통한 경제 환경에 적응이라는 대의명분도 잃게 만들었다.

　　기구개혁의 명분 쇠퇴는 반복되는 개혁이 사회적으로 정말 필요한 개혁인가라는 의구심을 들게 하기도 했다. 그리고 이는 당정분리 혹은 당정분공으로 얘기되는 당의 정부에 대한 통제 완화 혹은 간섭의 배제라는 사회적 명분도 제대로 확립하지 못하고 시류에 휩쓸리는 개혁의 모습을 보여주기도 했다. 따라서 기구개혁을 통해서 당의 정부와 기업에 대한 간섭을 줄이고 정부와 기업의 자율성을 높인다는 명분 또한 퇴색될 수밖에 없었다. '관본위 사회'의 완화를 기대했던 사람들에게는 기대에 미치지 못하는 개혁의 패턴이 반복되었다. 물론 여덟 차례 추진된 개혁에는 모두 그 나름의 명분이 있었다.

　　예컨대 1982년 개혁개방 이후 첫 정부기구개혁이 시도되었다. 당시 100여 개에 달하는 국무원 기구를 축소하고 복잡한 층차를 단순화했다. 정부기구의 저효율도 개선하려고 했다. 덩샤오핑은 자신의 리더십을 십분 활용하여 "기구 축소는 혁명(精簡机构是一场革命)"이라는 구호로 밀어 붙이기도 했다. 그래서 기구를 대폭 축소하고 인원도 줄였다. 그러나 시간이 지나면서 기구는 다시 팽창하고 인원은 편제만 바뀌었지 사실상 기존 조직에서 크게 벗어나지 않은 산하조직이나 방계조직에 포진해 있었다. 완전 고용을 지향하는 사회주의 사회에서 해직은 있을 수 없기 때문이다.

1988년 기구개혁도 명분은 정부 기능 변화를 내걸었고 1993년 기구개혁은 사회주의 시장경제를 전면에 명분으로 제시했지만 기구조정, 인원배분, 직능변화 등 기존 패턴과 거의 차이는 나지 않았다. 2003년과 2008년 개혁도 전면적인 소강사회 건설과 과학발전관이라는 정치적 요구를 명분을 삼았으나 대부제(大部制) 개혁은 추진이 보류되기도 했다. 그나마 기구개혁의 과정에서 현저한 변화를 보이고 이 변화를 통해서 사회적 명분을 축적한 개혁은 지도자의 의지가 강력히 개입된 결과에서 적지 않게 찾을 수 있다. 예를 들어 1998년 개혁은 주룽지라는 카리스마를 가진 총리의 추진력이 개혁의 동력이 되었다. 2013년과 2018년 개혁, 특히 2018년의 개혁은 시진핑이라는 '핵심' 지위를 가진 강력한 지도자의 의지가 있었기 때문에 동력을 상실하지 않고 강력하게 추진할 수 있었다. 이는 중국정치가 관행을 따르고 사회적 명분을 축적하는 동력으로서 강력한 의지가 작동해야 한다는 것을 잘 말해주는 사례이기도 하다. 이러한 사례는 법치 논쟁에서도 예외는 아니었다.

인치와 법치 그리고 법제 논쟁. 중국정치에서 인치와 법치 논쟁 그리고 법치 실천을 둘러싼 치열한 논쟁 역시 지난 40년 동안 중국 정치변화가 관행과 명분 그리고 이를 관철하는 동력으로서 의지의 문제가 그대로 투영되어 나타나고 있다는 점을 잘 보여준다. 1992년 제14차 대회에서 '사회주의 시장경제'가 새로운 이념으로 제시되었다. 사회주의와 시장경제를 결합한 새로운 발전 이념이 중국의 개혁의 방향으로 제시되었다. 이를 논리적으로 엄호하기 위한 방편으로 법제를 충분히 활용한 사회주의 법제 건설이 강조되었다.

이러한 환경의 변화는 시장경제 발전을 통한 민주적 이행이라는 기대와는 거리가 있는 것이었다. 법제라는 수단을 통해서 사회주의 시장경제를 지탱해가는 논리가 필요했다. 이런 맥락에서 등장한 것이 바로 '의법치국'이라는 개념이다. 그리고 이 개념은 새로운 것이 아니라 기존에 중국이 관행적으로 안고 왔던 개념이다. '의법치국'은 '법을 통한 통치(以法治國)'에 방점이 찍히는 것으로 우리가 일반적으로 알고 있는 민주적 법제 혹은 민주적 기본질서를 유지하기 위한 법적 장치로서의 제도와는 큰 관계가 없다. 이는 중국이 제도건설이라는 수단적 가치를 통해서 개혁개방 40년을 이끌어온 논리에서 크게 벗어나지 않는 것이다. 즉 법을 목적이나 가치가 아니라 사회주의 시장경제를 착근시키기 위한 수단으로 인식하는 것이고 시진핑 시기에는 당의 통치를 강화하기 위한 수단으로 법을 활용하는 것이라고 볼 수 있다.

앞서 언급한 대로 개혁개방 최대 가치는 성장과 발전이었다. 이 과정에서 간헐적으로 언급된 이른바 '법제' 혹은 '법치 강화', '사회주의 법치' 등은 사실상 성장과 발전을 위한 환경 조성에 필요한 수단이고 도

구였지 '법치' 자체가 목적이 아니었다는 사실이다. 14차 당대회에서 새로운 발전 이념으로서 '사회주의 시장경제'를 채택하면서 '시장경제'가 제대로 작동하기 위한 법률적 환경으로서 '법에 의한 통치(以法治國)'가 필요했다는 논리가 이를 뒷받침한다. 당과 국가는 이를 '법에 의한 통치(依法治國)'로 치환하면서 이것이 마치 사회주의 법제화, 즉 법치(法治)로 나아가는 과정인 것처럼 강조했다. 14차 당대회 이후 사회주의 시장경제가 회자되면서 오히려 시장경제를 지원하는 법적인 필요에 의해 '법에 의한 통치(以法治國)'가 강화된 측면이 있었다. 1997년 9월 제15차 전국 대표대회에서 "사회주의 민주를 더욱 확대하고, 사회주의 법제를 강화하고, 의법치국(依法治國)을 통해서 법치국가 건설"이라는 정치체제 개혁 방침을 천명했다. 1999년 3월 개최된 제9기 전국인민대표대회 제2차 회의에서는 "의법치국을 통한 사회주의 법치국가 건설"을 헌법 전문에 추가했다. 이러한 노력 역시 법치를 통한 지배라기 보다는 성장과 발전에 필요한 안정적인 지원체계로서 법적인 역할을 요구했던 결과물이라고 할 수 있다.

따라서 이후에 진행된 법적인 여러 조치는 그것이 형식적이든, 실질적이든 국가발전에 복무하고 기여해야 한다는 점에서는 매우 경로 의존적인 관행을 만들어냈다. 그리고 지난 40년 동안 이러한 관행은 크게 변하지 않았다. 오히려 시진핑 시기에 들어와서 경제의 성장과 발전 뿐만 아니라 당의 통치 강화를 위해서도 법적인 여러 장치가 본격적으로 활용되기 시작되었다. 이러한 관행의 승계는 법적인 지원체계 구축을 통해 법적으로 안정된 사회를 건설한다는 점에서 사회적 명분도 충분히 갖고 있다. 특히 중국이 추구하는 제도화의 마지막 귀결이 법적 조치의 마련이라는 점을 공공연히 설파하고 있다는 점에서 사회적 명분을 획득하는 데도 크게 유리하다. 게다가 법적 안정성이 제도와 체제 안정성의 근간이라고 선전하고 있고 특히 최고 지도자들이 법의 지배를 계속해서 강조하고 있다는 점에서 법적인 장치와 수단을 강구하여 개혁과 개방을 뒷받침한다는 논리는 여전히 생명력을 갖고 있다. 지난 40년 동안 끊임없이 법적, 제도적 장치를 통해서 법적 기반을 확충한 중국의 노력도 이러한 논리적 맥락에 있다고 볼 수 있다. 시장경제를 더욱 활성화하고 당의 집중통일영도를 강화하기 위해서도 법적인 지원을 통한 안정된 법제 환경 조성이 늘 중요한 과제였고 선결과제였기 때문이다. 즉 '법의 통치'라는 이상적인 법치보다는 '법을 통한 통치'라는 현실적인 필요성이 지난 40년 중국정치를 관통했다고 볼 수 있다.

　　논쟁의 정치와 새로운 담론의 생산. 중국정치를 이끌어온 내면에는 지식인과 관료의 활발한 논쟁의 정신이 자리하고 있다. 이미 이들은 정치로 나아가는 길에서 학습하고 그 결과를 사회에 실현한다는 전통적인 관료 진출의 DNA가 녹아들어가 있다. 이러한 논쟁은 중국정치가 비제도적인 환경에서 비민주적으로 움직인다는 외부의 비판적 평가를 상쇄하는 효과도 있다는 점에서 평가받을 만하다. 지난 40년 중국정치는 몇 가지 중요한 논쟁이 있었다.

　　개혁개방 초기 현대화로의 노선 변경은 중앙당교에서 촉발된 활발한 개혁 논쟁이 있었기 때문에 가능했다. 이러한 사회적 담론 공간을 통해서 새로운 정책은 활발하게 토론되고 그 결과는 쉽게 사회적 명분을 획득하면서 정책결정자들에게 투사되었다. 이러한 논쟁의 문화는 중국정치가 절차적 정당성을 크게 확보하지 못했다는 외부의 비판에도 불구하고 오랜 기간 그 정체성을 유지하는 요소 가운데 하나라고 할 수 있다. 개혁개방을 둘러싼 논쟁 외에 "사회주의냐 자본주의냐" 하는 '성사성자(姓社姓資)' 논쟁, 문화혁명 정리를 둘러싼 논쟁, 인치와 법치 논쟁, 법제와 법치를 둘러싼 논쟁(법치 실현과 법제 강화 논쟁), 개혁의 폭과 깊이를 둘러싼 조롱경제 논쟁, 그리고 최근에 벌어진 산업정책을 둘러싼 국가와 시장 관계 논쟁, 중국모델 논쟁 등 다양한 층차에서 벌어지는 논쟁은 그 결과가 정책결정자들에게 전달되어 적극적으로 채용되느냐도 중요하지만 그 과정이 매우 중국적이라는 점에서 의미를 찾을 수 있다.

이러한 논쟁은 본질적으로 체제 내부에서 상당히 큰 폭으로 존재하는 정책을 둘러싼 논쟁이라는 점이다. 이는 외부에서 관찰하는 그 이상으로 논쟁이 치열하다고 알려져 있으며 이러한 전통이 중국정치에 관행으로 자리 잡고 있다는 점이다. 물론 이러한 논쟁은 체제적 제약을 갖고 있다는 한계가 있다. 모든 논의는 중국공산당 안에서 이루어져야 하고 그 울타리를 넘어서는 논쟁에 대해서는 철저하게 단죄한다는 점이다. 이는 반대로 말하면 중국공산당 테두리 내에서는 어떠한 논의도 가능하다는 것이다. 그리고 이러한 논의는 고위급으로 갈수록 치열하게 전개된다. 적어도 지금과 같은 매우 강력한 권위주의적 정치 색깔을 보이는 상황에서는 내부 논쟁 자체가 의미가 없다는 평가도 있을 수 있으나 적어도 지난 40년 동안 크고 작은 논쟁을 통해서 중국정치는 변화를 이끌었고 그 변화에 맞는 논리를 개발하고 전파해왔다는 점에서 매우 역동적이었다고 평가할 수 있다.

그러나 앞서 말한 대로 치열한 논쟁이 중국공산당의 내부 민주주의를 보여주는 것이라고 긍정적으로 평가한다 해도 그 패턴은 시진핑 시기에 들어서 완전히 바뀌어가고 있다. 적어도 시진핑 시기 이전에는 밑으로부터의 논쟁에 대해서 비교적 개방적 자세를 취했다고 볼 수 있다. 물론 그 논쟁을 통해서 정책이 채택되는 것과 무관하게 이러한 논쟁을 허용하는 것 자체가 사회의 다원성을 반영한다는 점에서 긍정적이라고 할 수 있다. 물론 파벌적 시각에서 논쟁을 유발하여 권력 투쟁으로 나아가는 과거 사례가 완전히 제거되었다고 말할 수는 없다. 그러나 적어도 개혁개방을 시작하는 시기에 활발한 논쟁은 중국정치의 역동적인 변화를 보여주었다는 점에서 평가받을 만하다. 그리고 이러한 논쟁은 사회적 명분을 획득하는 데도 매우 유용하게 작용했다. 그리고 그 나름의 역할도 수행했다.

그러나 시진핑 시기 이후 아래로부터 논쟁을 촉발하기보다는 위로부터의 논쟁을 유발하여 모범 답안을 먼저 제시하고 이에 대한 논리적 근거를 풍부하게 만드는 과정으로 사회 토론을 독점해왔다는 점이 다른 모습이다. 그리고 이러한 모습은 향후 일정 기간 관행으로 착근할 가능성도 높아 보인다. 적어도 시진핑 주석이 집권하는 기간에는 아래로부터의 논쟁보다는 위로부터 이식되고 제안된 논쟁이 있을 것으로 보이기 때문이다. 그런 의미에서 이러한 논쟁은 사실 논쟁이라기보다는 구체적으로 어떻게 실천하고 실행할 것인가에 관련된 의견 수렴 정도로 치환될 수 있다. 이는 논쟁을 피하고 총의를 모으려는 시진핑의 강력한 의지가 개입되어 있기 때문이다.

결론을 대신하여: 중국정치의 미래

지난 40년 간의 중국정치를 경로의존, 명분, 의지를 중심 요소로 간단히 살펴보았다. 거시적인 관점에서 보면 중국 개혁개방 40년 동안 중국정치는 경로의존이라는 기존 관행에서 크게 벗어나지는 않았다. 그런 측면에서 정치변화는 매우 보수적인 움직임을 보였다. 큰 틀에서는 제도건설이라는 큰 그림이 있었다. 매 시기 사회적 명분을 획득하기 위한 과정에서는 시대 인식의 결과에 따라 대응이 달랐다. 법치를 강조하기도 하고 동원을 강조하기도 했다. 때로는 논쟁을 유도하기도 하고 스스로 논쟁 속에 뛰어들기도 했다. 그 결과 40년 변화는 겉으로는 미시적인 변화를 보였지만 내부적으로는 적잖은 변화가 목격되기도 했다.

먼저, 경로의존 차원에서 특별하지 않은 한 역대 지도자들은 대부분 지속과 계승에 무게중심을 두었다. 그리고 차츰 기존 관행에 추가하여 변화와 발전의 패턴을 보였다. 이러한 사고와 접근은 40년 동안 크게 변하지 않았다. 각각의 지도자들이 변화와 발전에서 과연 자신의 색깔을 어떻게 입힐 것인가에서 약간의 차이를 보였다. 그 차이는 시진핑 시기에 오면서 두드러졌다. 개인 영도가 강화되고 당의 통일집중영도가 다시 강조되었다. 이 과정에서 후계자 문제 등 엘리트 정치도 일정한 변화를 겪거나 겪고 있다. 시진핑 시기 계승과 지속보다는 변화에 더 방점이 찍히는 판을 바꾸려는 움직임이 감지되고 있다.

　　다음으로 명분 측면에서 매우 큰 폭의 변화가 있었다. 여기에는 매 시기 국내외 환경을 어떻게 인식하느냐에 따라 접근이 처방과 달라졌기 때문이다. 궁극적인 목적인 당의 통치 정당성과 합리성에 도움이 되는 방향으로 정책이 설계되고 집행되었다. 그리고 이를 명분으로 축적하려고 노력했다. 논쟁을 촉발하여 이슈를 당의 중심, 최고 지도자의 중심에 묶어두는 전략을 펼친 것도 모두 이 때문이다. 이러한 사회적 명분 추구는 자칫 추수주의로 흐를 개연성도 있다. 이 때 등장한 것이 강력한 당 우선 정책들이었다. 마지막으로 40년 동안 지도자의 강력한 집권 의지는 크게 변하지 않았다. 오히려 시진핑 시기 들어서 더욱 강력해졌다. 위로부터의 논쟁이 촉발되고 지침과 지도에 의한 일사분란함이 나날이 강조되고 있다. 강력한 지도력을 확보해야 하는 선에서 당원과 인민의 지지를 잃지 말아야 하는 어려운 과제가 앞 길에 놓여 있다. 여기에 더해서 중국정치에 지난 40년 동안 국제변수가 깊이 스며들고 있다.

　　적어도 2008년과 2009년 미국발 금융위기가 촉발되기 이전까지 중국 정치변화에서 국제변수는 그리 크게 작용하지 않았다. 그러나 금융위기를 겪으면서 중국이 깊이 들어가 있었던 자본주의 세계질서에 대한 근본적인 의구심이 중국 국내정치 변화를 추동했다. 다시 마르크스를 소환하고 당에 대한 재해석이 등장하고 있다. 중국 내부에서 세계질서, 세계정치, 세계사유(思惟)라는 거시적인 담론이 유행하기 시작했다. 신자유주의의 가장 강력한 혜택을 받았던 중국이 이제 새로운 질서를 창출하려는 움직임을 시작하고 있는 것으로 보인다. 마르크스 탄생 200주년 연설에서 보인 중국의 결기는 급기야 마르크스주의의 중국화, 시대화, 세계화를 강조하기에 이르렀다. 중국은 향후 마르크주주의를 어떻게 할 것인지 깊은 고민을 진행할 것으로 보인다.

개혁개방 40년 중국정치 변화는 긍정적인 면과 부정적인 면을 모두 담고 있다. 그러나 한 가지 분명한 사실은 당-국가 체제의 틀 내에서 체제안정 그리고 성장과 발전이라는 궁극적 목표는 흔들리지 않았다는 점이다. 오히려 이 목표를 이루기 위한 과정에서 모든 가용한 자원을 동원하고 있으며 그 목표와 방식은 매우 경로의존적이다. 다만 그 명분을 축적하기 위한 노력은 다양한 방식으로 진행되고 있으며 이를 강력한 의지를 가진 최고 지도자가 이끌고 있다. 그 결과가 어떻게 될지는 현재로서는 아무도 알 수 없다. 다만 지난 40년의 경험으로 보아 중국이 당분간 그리 크게 흔들리지 않을 것이다. 체제안정 그리고 성장과 발전이라는 거대담론은 여전히 중국의 흔들림 없는 목표이고 방향이기 때문이다. 다만 민주화 없는 제도화를 어떻게 중국의 논리대로 안착시키느냐가 중요하다. 중국공산당의 통치 정당성과 합법성의 사회적 기초를 제공한다는 점 때문이다. •

• **양갑용** | 푸단대학교에서 정치학 박사학위를 받았으며, 주요 연구영역은 중국정부와 정치, 특히 중국정부 개혁과 정책 결정 메커니즘 등이다. 국민대학교 중국인문사회연구소와 한국외국어대학교 중국연구소 전임연구원을 지냈으며, 현재 성균관대학교 성균중국연구소 연구교수로 재직 중이다. 주요 논문으로 「후진타오 시기와 시진핑 시기 집체학습 연구: 계승과 변화의 중첩과 이반」 등이 있다.

2장

중국외교의 성취, 그리고 새로운 도전

이동률 동덕여자대학교 중어중국학과

중국은 개혁개방 40년 사이에 '죽(竹)의 장막'이라 일컫던 자기폐쇄적 대국에서 글로벌 거버넌스 개혁을 주창하는 세계적 강국으로 변모하였다. 전후 국제체제의 저항국이었던 중국은 개혁개방기를 거치면서 국제체제 주도국의 위치에 올라섰고 이제는 기존 국제규범과 질서의 변혁을 모색하면서 초강대국의 문턱에 진입하였다. 중국은 국력의 비약적 증강과 국제적 위상의 변화에 따라 이에 상응하여 외교전략 또한 진화해왔다. 반패권주의를 기치로 제3세계의 리더 역할을 주장하던 중국은 '독립자주외교'와 '책임대국론'을 거쳐 이제 시진핑 시기에 와서는 '중국특색의 대국외교'를 제시하기에 이르렀다.

그런데 중국이 초강대국의 문턱을 넘어서기 위해서는 지금까지와는 다른 새로운 차원의 외교전략이 필요해 보인다. 중국은 지난 40년 개혁개방을 통해 부강의 길에 매진하는 추격국가였다면 이제는 글로벌 강국으로서 리더십과 신뢰를 국제사회에 각인시켜야 하는 새로운 과제에 직면해 있다. '중국식 대국외교'가 본격적인 시험대에 올라선 것이다. 이에 지난 40년 중국외교의 담론과 행보의 변화과정을 복기하는 작업을 통해 향후 중국이 어떻게 초강대국의 문턱을 넘어서려 하는지를 가늠해 보고자 한다.

중국 외교담론의 변화와 그 함의

중국은 외교에서 다양한 화두와 담론을 제시하고 활용하는 데 능하다. 그런데 외교담론이 반드시 실제 외교정책과 행위로 연결되는 것은 아니다. 오히려 원칙, 명분, 또는 수사(修辭)로 사용되는 경우가 적지 않다. 그럼에도 중국 외교정책의 실체를 직접 파악하기 어려운 현실에서는 중국이 제시하고 있는 외교담론이 중국외교를 읽어내는 중요한 단서가 되곤 한다. 외교담론은 원래 추상적이고 모호하지만 지난 40년간 일정한 흐름을 갖고 변화해온 맥락을 추적해본다면 비록 간접적인 방식이기는 하지만 중국외교의 추이를 거시적으로 읽어내는 데 일조할 것이다.

개혁개방 초기 1980년대 중국은 경제발전이 주된 국가 목표가 되면서 외교 역시 경제발전을 위한 환경 조성, 즉 이른바 '현대화 외교'를 전개하였다. 중국의 '현대화 외교'는 안정적인 주변 국제환경을 조성하고, 경제발전에 필수적인 자본, 선진기술과 경영기법을 도입하는 데 집중하였다. 따라서 중국은 개혁기 미국 등 서구 자본주의 국가들과의 협력과 교류를 적극적으로 전개했다. 그런데 중국은 개혁개방 정책 이후 첫 당대회였던 1982년 12차 전국대표대회에서 이례적으로 '자주독립

외교노선'을 천명했다. 자주독립외교는 외견상 마오쩌둥 시기의 자력갱생으로의 회귀를 연상시키지만 사실은 역설적으로 보다 적극적으로 '현대화 외교'를 추진하겠다는 의지를 담고 있었다. 즉 내부적으로는 미국 등 서구 자본주의 국가에 경사된 '현대화 외교'가 불가피하게 초래할 수 있는 의존과 주권 침해 등 부정적 현상에 대한 우려와 반발을 희석시키고자 한 것이다. 동시에 대외적으로도 '현대화 외교'를 전개하는 과정에서 미국 등 서방국가들에 대한 외교 입지와 협상력 약화를 최소화하면서 현실적으로 경제발전을 위해 필요불가결한 서방국가와의 경제협력을 보다 적극적으로 지속해가려는 전략적 고려를 내재하고 있었다.

그리고 중국은 1989년 천안문 사건, 소련 및 동유럽 공산권의 몰락, 냉전종식 그리고 이어진 미국 등 서방국가의 경제제재로 인해 내우외환의 체제 위기에 직면하게 되었다. 중국은 서방국가들의 봉쇄를 돌파하면서 '현대화 외교'를 지속해야 하는 딜레마에 직면했다. 이에 중국은 탈냉전이라는 새로운 시대적 상황에 '다극화(多極化)' 담론을 제기하여 미국의 단극질서 구축을 견제하는 한편 경제협력 대상의 다변화를 모색했다. 중국은 1990년대 중반 이후 '다극화' 기치하에 러시아, 프랑스 그리고 동아시아 신흥개도국 등과 다양한 유형의 이른바 동반자(伙伴)외교를 추진하였다. 중국은 탈냉전 초기 미국의 일방주의를 견제하려는 국제사회의 분위기에 편승하여 미국 주도의 반(反)중국 연대를 약화시키고, 다른 한편으로는 경제협력 대상의 다변화를 통해 현대화 외교의 새로운 돌파구를 모색하고자 '동반자 외교'를 전개한 것이다.

1990년대 중반 이후 중국이 본격적으로 고도성장 시기에 진입하게 되면서 미국, 일본 등 기성 강대국들을 중심으로 '중국위협론'이 확산되었다. 중국은 '중국위협론'에 대응하기 위해 이른바 '책임대국론(負責任的大國)'을 들고 나왔다. '책임대국론'의 등장은 중국의 국가 정체성 인식의 변화를 시사하는 것이었다. 중국학계에서는 이를 계기로 대국관계, 대국외교에 대한 논의가 활성화되기 시작했다. '책임대국론'을 제시한 것은 중국은 강하지 않기 때문에 위협적이지 않다고 강변하던 '중국위협론'에 대한 기존의 소극적인 대응 방식에서 벗어나 이제는 중국이 강하지만 국제사회에서 책임과 의무를 이행하는 또는 하려는 대국이므로 결코 위협적이지 않다는 적극적인 대응으로의 전환을 의미하는 것이다. 중국의 '책임대국론'은 1997년 아시아 금융위기로 인해 예상 밖의 효과를 거두기도 했다.

중국이 21세기에 들어서 본격적으로 강대국의 입장에서 외교담론을 제시하면서 이전과는 다른 새로운 양상이 나타나기 시작했다. 즉 기존에 경제발전에 집중하기 위해서 저비용의 대외전략을 지향하는 이른바 도광양회(韜光養晦)류의 담론에서 이탈하는 징후들이 나타난 것이다. 21세기 첫 당대회였던 2002년 11월의 16차 당대회 보고에서 장쩌민은 이례적으로 '중화민족의 위대한 부흥'을 무려 아홉 차례나 역설하였다.[1] 이를 신호로 중국은 2003년에 평화굴기(和平崛起), 2004년 평화발전(和平發展), 그리고 2005년에 조화세계(和諧世界) 등 부상 담론을 연이어 제

---

1 江澤民, 『全面建設小康社會, 開創中國特色社會主義事業新局面』(北京: 人民出版社, 2002).

시하면서 중국 부상을 기정사실화하고 이를 국제사회에 전파하고 설득하려는 외교를 전개했다.

특히 2001년 9·11 사건으로 미국이 테러와의 전쟁에 집중하게 되어 상대적으로 아시아에서의 힘의 공백이 발생하면서 중국은 부상을 위한 '전략적 기회의 시기(戰略機遇期)'를 맞이한 것으로 판단했다. 중국은 2007년 달 탐사선 발사, 2008년 베이징올림픽 유치, 2010년 상하이엑스포 개최 등 중국의 부상을 국내외에 각인시키기 위한 일련의 대외 공세를 펼쳤다. 그리고 이 과정에서 '평화굴기'에서 '평화발전'으로 외교담론이 바뀌는 등 혼선이 나타나기도 했다.

중국은 부상에 적합한 국제환경을 조성하기 위해 다양한 외교 대상을 상대로 적극적인 외교를 전개해갔다. 예컨대 중국은 외교 대상과 내용을 기준으로 대국, 주변국, 개도국 그리고 다자외교로 분류하여 각각의 중요성을 강조해왔다. 즉 대국은 관건적 대상이고 주변국은 가장 중요하며, 개도국은 중국외교의 기반이고, 다자외교는 중요한 무대("大國是關鍵, 周邊是首要, 發展中國家是基礎, 多邊外交是重要舞台")라고 분류하였다. 2002년 중국공산당 16차 당대회에서 시작하여 2012년 18차 당대회까지 이러한 기조를 지속하면서 각 대상별로 중국의 부상이 위협이 아님을 역설하면서 부상에 유리한 국제환경을 조성하는 데 외교력을 집중했다.

특히 2008년 미국발 세계 금융위기로 중국은 중요한 상대적 부상의 기회를 갖게 되었다. 중국 지도부는 더욱 적극적으로 '중화민족 부흥' 담론을 이끌어내면서 부상에 대한 기대를 고양시키며 체제 정당성 확보의 기제로도 활용하였다. 그런데 이 과정에서 동중국해와 남중국해에서의 해양영유권 분쟁이 격화되고 '핵심이익'을 둘러싼 미국과의 갈등이 고조되면서 중국이 '강경하고(assertive) 거친 힘의 외교'를 전개하고 있다는 논란에 휩싸이게 되었다. 중국은 2010년 해양영유권 분쟁, 미국과의 갈등으로 인해 과거 10년간 쌓아온 외교적 이미지와 성취를 상당 부분 상실하는 원치 않는 결과를 초래했다.

비록 일시적 조정기를 거치기는 했지만 시진핑 집권 이후 오히려 중국의 강국화 담론은 새로운 단계로 진화해갔다. 중국의 부상을 정당화하고 설득하는 수준을 넘어서 중국이 국제규범과 질서의 방향을 제시하는 담론을 내놓기 시작했다. 예컨대 신형국제관계, 인류운명공동체, '친성혜용(親誠惠容)', '의리관(義利觀)' 글로벌 거버넌스 체제 개혁 등을 주창하고, 일대일로, 아시아인프라투자은행(AIIB), 신개발은행(NDB) 등 중국의 구상을 실현하고자 하는 구체적인 제도와 전략까지 제시하는 단계로 진화했다. 왕이 외교부장은 "인류의 문제 해결을 위해 중국의 방안(solution)을 제시하고 더 좋은 사회제도를 탐색하는 데 중국의 지혜(wisdom)로 기여할 것이라고 하며 중국의 글로벌 거버넌스 개혁을 주도할 의사가 있음을 시사한 바 있다.

2012년 제18차 당대회에서는 '장기적으로 안정되고 건강하게 발전하는 신형대국관계(新型大國關係) 수립'을 미국을 겨냥하여 제시하였다. 미중관계 역사에서 사실상 처음으로 중국이 대미관계의 방향성을 제시한 것이다. 19차 당대회에서는 신형대국관계가 국제사회 전체를 대상으로 하는 '신형국제관계'로 확장되었다. 신형국제관계는 중국의 부상이 '투키디데스의 함정(Thucydides Trap)'이라는 패권 충돌의 비극을 우회할 것임을 국제사회에 설득하여 부상에 유리한 상황과 조건을 조성하려는 의도를 내재하고 있다. 그런데 시진핑 정부에서 쏟아내고 있는 다양한 부상 담론들은 국내 통합과 지지를 견인하는 데는 일정 정도 효과를 발휘하고 있지만 정작 국제사회에서는 오히려 의구심과 경계를 자극하여 중국 부상의 국제환경이 악화되는 딜레마를 초래하고 있다.

국제체제에 대한 중국의 인식과 행태의 진화

중국은 개혁개방 이후 기존 국제체제와 질서의 이단아에서 주도국으로 극적인 변화를 이루었을 뿐만 아니라 기존 국제질서의 '불합리'와 '불공정'을 역설하면서 글로벌 거버넌스 체제의 개혁을 주장하고 있다. 그리고 그러한 주장을 바탕으로 실제로 AIIB와 NDB 등 중국이 주도하는 새로운 제도와 규범을 제시하고 있다.

　　중국은 개혁개방 정책과 함께 수출주도의 경제발전에 매진하기 위해 경제 분야에 한정해서 제한적으로 국제기구에 참여하기 시작했다. 중국은 1980년에 국제통화기금(IMF)과 세계은행(WB)에 가입했고, 1986년에는 아시아개발은행(ADB)과 세계무역기구(WTO)의 전신인 관세와 무역에 관한 일반 협정(GATT)에 가입 신청을 했다. 이로 인해 중국은 1990년대 전반기까지도 국제기구에서 국익을 최대화하면서 그에 상응하는 책임과 의무는 최소화하는 '최대/최소원칙(maxi/mini principle)'을 추구하는 무임승차국 또는 소극적 참여국이라는 평가를 받았다.

　　1991년 덩샤오핑의 '남순강화(南巡講話)'이후 개혁개방의 적극적인 재추진을 위한 국제협력이 중요해지면서 기존 국제체제에의 참여는 더욱 중요해졌다. 이후 중국은 실리적 차원에서 국제경제기구와의 협력을 강화하는 한편 이미지 개선을 위한 차원에서 그간 기피해왔던 인권과 안보 관련 국제기구 참여에도 전향적인 태도를 보이기 시작했다. 예컨대, 1994년에는 인접국에서의 중국위협론 확산을 막으면서, 관계개선을 도모하기 위해 다자안보협력체로서는 최초로 아세안지역포럼(ARF)에 참여하였다. 1996년에는 포괄적핵실험금지조약(CTBT)에, 1997년에는 '경제적 사회적 및 문화적 권리에 관한 국제규약'에도 서명하였다.

중국은 2001년 WTO 가입을 기점으로 사실상 국제체제 진입을 거의 완료하였을 뿐만 아니라 지역 다자주의, 예컨대 상하이협력기구(SCO) 창설, 북핵 6자회담 주최, 보아오(博鰲)포럼 개최, 동남아시아국가연합(ASEAN)과의 자유무역협정(FTA) 체결 등을 통해 역내에서 주도국으로서의 위치를 구체적으로 모색하는 단계로 발전하였다. 요컨대 중국의 국제기구에 대한 인식과 태도는 기존의 부정적 인식에서 소극적 참여 적극적 참여, 그리고 주도적 참여의 방향으로 지속적으로 확대되어왔다.

2008년 세계 금융위기는 중국이 국제체제와 질서에 대한 인식과 태도에 새로운 변화를 야기하는 또 하나의 중요한 계기가 되었다. 중국은 국제경제 질서를 주도하던 서방 경제강국들이 2008년 경제 위기의 충격으로 쇠퇴하고 있는 반면에 일부 개도국들이 신흥시장(the emerging market)으로 부상하고 있는 현상을 기존 국제경제체제의 중대한 변화의 징후로 해석했다. 중국은 기존 국제체제의 참여자이고 수혜자이기도 하지만 여전히 국제규범의 제약을 받고 있으며 이러한 제약을 극복하기 위해 기존 국제질서의 개혁이 필요하고 개혁의 새로운 협력대상으로서의 신흥경제국의 등장을 주목하고 기대한 것이다.

중국은 2008년 G20 정상회의 출범이 신흥경제의 국제적 지위가 상승했음을 보여주는 가장 대표적인 상징적 사례로 제시하고 있다. 이러한 흐름에서 중국은 러시아, 브라질, 인도, 남아프리카공화국과 함께 '브릭스(BRICs)'를 구성하여 매년 정상회담을 진행해왔으며 2014년 브라질 정상회의에서는 NDB의 상하이 설립과 1천억 달러 규모의 위기대응기금 설치를 공식 발표했다. 시진핑 주석은 6차 브릭스 정상회의에서 "NDB 설립은 브릭스 국가들의 국제금융 영역에서의 담론권(話語權)을 확장하는 데 기여할 수 있을 것이며, 브릭스 국가들은 국제관계 민주화의 실천자로서 협력과 단결을 강화해가야 한다"고 역설하여 브릭스를 통한 글로벌 거버넌스 역량 강화 의도를 시사한 바 있다. 중국은 이제 지역을 넘어서 글로벌 거버넌스 차원에서 주도권 확보를 위한 행보를 전개하고 있다.

중국이 AIIB와 NDB의 창설을 주도하고, 일대일로(一帶一路)를 추진하는 것이 규칙 제정자(rule maker)로서 글로벌 거버넌스에 참여하는 대표적인 사례로 거론되고 있다. 물론 중국은 새로운 국제제도의 주도적 창설이 새로운 국제질서의 창출과정이 아니라 기존 질서의 '개혁'과 '보완'임을 주장하고 있다. 그러나 중국의 주장에도 불구하고 이러한 중국의 새로운 시도가 중국의 가파른 부상과 함께 진행되고 있기 때문에 국제사회의 경계와 의구심에서 자유롭기는 어렵게 되었다.

특히 중국이 지난 40년간 지속적으로 기존 국제체제와 질서에의 참여를 확대해오면서 다른 한편 개혁 필요성에 대해서도 일관되게 주장해온 과정을 복기해봤을 때 현재 주도국의 위치를 확보한 상황에서 '변혁' 의지는 향후 더욱 강화될 것임을 시사해주고 있다. 중국은 이미 미국과 군사 영역에서의 충돌과 갈등은 가능한 한 우회하려고 하면서도 경제 분야에서의 국제규범과 제도 경쟁은 회피하지 않고 있다.

중국외교가 직면한 새로운 도전

개혁개방 40년 중국외교는 일관되게 부국강병 실현을 위한 국제환경과 여건을 조성하는 데 집중해왔고, 그 결과 중국은 이미 미국에 버금가는 국제적 영향력과 위상을 갖는 강대국으로 부상하였다. 그런데 이제 중국외교는 글로벌 강국이라는 변화된 위상에 부합하는 역할과 리더십을 제시해야 하는 새로운 도전과 과제에 직면해 있다.

지난 40년 중국은 안정적으로 부상을 성취했다. 중국이 제시한 외교담론도 국력증강 속도와 일정한 보조를 맞추며 진화해왔고, 특히 중국이 국제체제의 주도국의 위상에 이르는 과정도 점진적이었지만 결국 획기적인 성과를 이루어냈다. 그런데 시진핑 정부에서는 기존의 안정적이고 단계적인 부상 패턴에서 이탈하는 징후들이 나타나고 있다. 시진핑 정부는 고도성장의 신화가 깨지는 도전에 직면한 상황에서 오히려 인민들에게 '중국의 꿈(中國夢)'이라는 민족주의 요소를 부각시켜 공산당 집권 정당성 확보의 수단으로 동원하고 있다. 게다가 2008년 미국의 경제위기와 트럼프 정부의 등장을 계기로 중국 국민들의 부상 실현에 대한 기대는 더욱 고조되고 있다. 시진핑 정부는 스스로 '강국몽(强國夢)'이라는 호랑이 등에 올라타면서 예상보다 빠르게 부상 일정을 전개하려는 조급증이 발동되고 있다.

그런데 현실은 중국이 초강대국 진입 문턱에서 복잡한 딜레마에 빠져 있다. 특히 시진핑 정부는 과도한 부상의 비전과 담론 제기로 오히려 국제사회를 자극하여 '중국의 꿈' 실현에 부정적인 환경을 만들고 있다. '중국의 꿈' 실현이라는 비전은 체제의 정당성 확보에는 도움이 되겠지만 인민들의 민족주의 정서를 과도하게 고양시킴으로써 중국외교가 융통성을 발휘하는 데 발목을 잡을 가능성이 높다.

만일 시진핑 정부가 강국화 일정을 진행하기 위해 안정적인 주변환경을 추구하는 외교전략을 전개하려고 할지라도 인접국들과 주권, 영토 등 핵심이익과 관련된 분쟁이 재차 발생할 경우 중국인민들의 고양된 기대와 국제사회의 경계를 여하히 조율해가느냐 하는 딜레마에 직면하게 될 가능성이 있다.

시진핑 정부의 '신시대' 구상과 중국의 꿈 비전은 지금까지는 일정 부분 미국의 쇠퇴에 따른 상대적 부상으로 기회를 포착한 측면이 있다. 그러나 이후부터는 중국이 새로운 초강대국이 되기 위해서는 국제사회의 지지와 호응을 이끌어낼 수 있는 차별화된 새로운 비전과 리더십을 제시해야 한다. 이제 본격적으로 과거와는 다른 새로운 차원의 중국외교력이 필요한 시점에 이르렀다. 예컨대 국제사회에 공공재를 제공하는 방식, 세계적 규범과 가치의 생산 능력, 국제기구를 주도하는 리더십, 그리고 연성권력(soft power)의 증강 등에서 새로운 돌파가 필요할 것이다. 현재와 같은 모호하고 추상적인 중국식 담론 제시와 비이타적이고 경직된 외교 행보로는 '중국위협론'과 '투키디데스의 함정'이라는 이중의 높은 문턱을 넘어서기는 쉽지 않아 보인다. ●

● **이동률** | 베이징대학교에서 정치학 박사학위를 받았으며, 주요 연구영역은 중국 대외관계, 중국의 민족주의와 소수민족 등이다. 현재 현대중국학회 회장, 외교부 정책자문위원을 맡고 있으며, 동덕여대 중어중국학과에 교수로 재직 중이다. 주요 논문으로 「중국의 '글로벌 거버넌스 체제 개혁' 추진의 의미와 영향」 등이 있다.

3장

정치담론
-부강(富强)과 문명(文明)을 향한 여정

장윤미 동서대학교 중국연구센터

개혁개방 40년과 국가현대화 목표

개혁개방이라는 '대전환'의 시대를 연 지 40년이 지났다. 시장경제의 도
입과 대외개방 확대라는 측면에서 보면 경제발전을 위한 전환이었지만,
현대국가체제를 완성하기 위한 또 다른 전환이라는 관점에서 본다면,
1978년 개혁은 근대 이후 혁명과 사회주의 건설에 이어 세 번째로 진행
된 가장 파장이 컸던 변혁의 역사였다. 세 번째 대전환의 역사는 국가체
제와 제도를 정비하며 일련의 경제사회개혁을 추진한다는 점에서는 같
지만, 두 가지 측면에서 앞의 두 번의 전환과는 다르게 중국사회를 근본
적으로 바꿔놓았다. 하나는 중국의 경제원리와 사회구조를 바꿔놓았다
는 점에서 그렇고, 또 다른 하나는 중국 이슈 자체가 갖는 세계와의 관련
성 및 영향력이 훨씬 커졌다는 점에서 그렇다.

　　40년의 시간은 사람들의 사고방식이나 사회관계를 근본적으로
바꿔놓을 만큼 짧지 않은 기간이며, 이 과정에서 기존 체제가 안고 있는

비효율의 문제를 개혁하는 동시에 새로운 문제점들을 양산하여, 개혁과 정에서 비롯된 문제 자체가 새로운 개혁의 대상이 되기에 충분히 긴 시간이었다. 따라서 개혁개방 40년을 하나로 묶인 동일한 시간대로 놓고 평가하는 것이 불가능할 정도로 중국이 선택하고 걸어온 과정은 반전에 반전을 거듭해왔다. 이처럼 역동적인 개혁의 과정을 읽어내고 동시에 개혁의 새로운 모멘텀을 열기도 했던 것 중 하나는 바로 담론이다. 흔히 담론은 정치적 효과 또는 목적을 위해 의식적이거나 무의식적으로 생산되고 유통된다. 개혁개방 시기 정계와 학계, 그리고 민간사회에서 논의되었던 여러 가지 담론의 내용을 살펴보는 일은 지난 40년간 중국이 걸어온 역사의 궤적을 일목요연하게 파악하는 방법 중 하나가 될 것이다.

그런데 지난 10년, 특히 최근 5년의 역사는 개혁개방 30주년이었던 2008년 당시의 상황과는 많이 달라졌고 동시에 불확실성이 커졌다. 개혁개방 30주년에는 중국 경제성장의 비결, 시장체제에 부합하는 제도 확립, 정치체제개혁 논쟁 등 주로 '중국 부상'과 관련된 정치경제학적 담론이 주요 이슈가 되었던 반면, 최근 10년은 '중국 부상 이후'의 문제, 즉 어떠한 국가를 건설하고 어떻게 세계질서를 재편할 것인가를 둘러싼 담론이 급증했다. 개혁 30년 동안 '어떻게 발전해나갈 것인가'의 문제에 집중했다면, 최근 10년간은 '어떠한 (대내외적) 질서를 만들어나갈 것인가'의 문제를 고민해왔다고 볼 수 있다. 이러한 담론 변화는 세계와의 관련성이 더욱 밀접해진 중국의 현실적 변화가 주요 원인이겠지만, 역사적 관점에서 보면 근대역사로의 전환 시기에 치열하게 논의되었던 중국의 현대국가건설 논쟁의 연장선상에서 해석해볼 수 있다. 즉 '현대화된 국가'

라는 것은 두 가지 중요한 축으로 완성될 수 있는데, 하나가 '부강'이고 다른 하나가 '문명'이다. 중국은 개혁개방을 통해 이른바 '서구와의 충격' 이후 처음으로 '부강'의 꿈에 근접했지만 '문명'이라는 꿈은 아직 이루지 못했으며, 따라서 앞으로 중국 앞에 놓인 중요한 역사적 과제는 바로 문명국가 실현의 꿈을 완성하는 것이다. 2012년 제기된 "중화민족의 위대한 부흥"이라는 이른바 '중국몽(中國夢)'으로 그 목표가 선언되었고, 이에 따라 2017년 19차 당대회를 통해 '신시대'를 열었다. 흔히 중국에서의 정책 변화로 인해 이론 논쟁이나 담론이 등장하기도 하지만, 이론의 확정이나 주도적 담론 자체가 새로운 정책노선과 방향의 전환을 예고하기도 한다. 이러한 측면에서 중국의 '신시대' 선언은 현재 중국이 처한 상황에 대한 위기감의 반영이자 미래를 준비하는 담론이며, 동시에 과거 개혁과는 차별화된 정책을 펼쳐나가겠다는 통치의지의 반영이라 할 수 있다.

단계별 개혁기의 특징과 정치담론의 쟁점 변화

개혁개방 40년의 역사를 세 개의 시기로 나누어 관련된 정치담론 변화의 흐름을 간략하게 정리해보겠다. 여기서 말하는 정치담론은 정치제도나 정치개혁과 관련된 이슈에 한정되지 않고 넓은 의미에서의 정치적 행위와 관련된 모든 담론을 지칭한다. 당내 사상적·이론적 논의뿐 아니라, 체제 변화를 추동하는 학계와 민간사회에서의 이론 및 담론 모두 포함한다. 관점에 따라 개혁 시기를 다양하게 구분할 수 있겠으나, 여기서는

1991년 말에 있었던 덩샤오핑의 '남순강화(南巡講話)'와 2012년 '18차 당대회'를 기점으로 시기를 구분한다. 남순강화는 흔들리는 개혁 모색기를 일단락하며 개혁의 방향을 확정지었다는 측면에서, 18차 당대회는 개혁 과정에서 생긴 문제들을 해결할 총체적 구상을 제안하고 새로운 리더십을 출범시켰다는 측면에서 그 이전 시기의 특징과 뚜렷하게 구분되는 작은 역사적 전환점이라 할 수 있다. 특히 2013년 11월에 발표된 18기 3중전회의 〈결정〉은 그 이전과는 다른 비전을 제시한다. 하나는 "개혁과정에서 야기된 문제를 개혁하면서 개혁을 완성하겠다"는 의지를 담아냈다는 점에서 그렇고, 또 다른 하나는 체제 전 영역에 걸친 "전면적 개혁을 통해 개혁을 완성하겠다"는 내용을 담아냈다는 점에서 그렇다. 이에 따라 첫 번째 시기는 1978-1991년, 두 번째 시기는 1992-2012년, 세 번째 시기는 2013년 이후의 시간으로 나누었다. 시기마다 진행되었던 주요 담론과 이슈, 관련 내용의 특징과 변화는 다음과 같다.

다음 표에서 볼 수 있듯이 첫 번째 시기는 체제전환의 문제, 두 번째 시기는 발전의 문제, 세 번째 시기는 국가현대화의 문제가 중국이 주요 과제로 삼은 이슈였다. 첫 번째 시기의 담론은 주로 사회세력과 연결된 당내 싱크탱크 내부의 논쟁이 주도했지만, 1989년 천안문 사건 이후 내려진 덩샤오핑의 '부쟁론(不爭論)' 지침과 시장화 개혁으로 급증한 민간 싱크탱크 등의 요인으로 이후 담론의 장(場)은 학계와 민간에서 주도한다. 주로 사회주의 시기의 유산과 개혁개방의 성과 및 문제점을 둘러싸고 크게 권력에 비판적인 '자유주의'와 자본의 공세에 비판적인 '신좌파' 논쟁이 개혁을 둘러싼 담론의 주요 축을 이루었다. 논의의 주제는

표 1. 각 시기별 정치담론의 변화

	1978-1991년	1992-2012년	2013년 이후
주요 과제	체제전환을 어떻게 할 것인가? (경제건설로의 전환)	어떻게 발전할 것인가? (발전모델 탐색)	어떻게 국가현대화를 실현할 것인가? (현대화강국 건설)
주요 쟁점	정치와 경제의 관계	국가와 시장의 역할 정부의 기능 전환 국가와 사회의 관계	개혁의 심화(구조개혁) 중국 문명의 복원과 재해석 세계질서 재편
관방 이론 혹은 슬로건	사회주의초급단계론	사회주의시장경제론	시진핑 사상(治國理政) 중화민족의 위대한 꿈
개혁의 중점	개혁의 영역, 범위 및 순서	개혁의 방식 및 모델	개혁의 목표 및 정신 현대국가 완성(중국식 근대화)
세부 정치담론	당정분리 분권 (권력집중 방지/ 극좌 방지) 민주선도론 (민주우선론)/신권위주의론 (先경제後정치론) 계몽과 구망(救亡) 민주와 법제 / 시장과 계획	중국식 민주 (기층민주, 선거/협상민주, 당내민주) 정부 기능의 서비스화 중국모델 (정치경제적 발전모델) 시민(공민)사회 시장경제와 사회정의(공평)	국가·사회거버넌스 현대화 대안적 문명 탐색 전통의 재해석 및 현대화(천하, 대일통, 조공, 유교) 현능주의(meritocracy) 인민(사회)/혁명/군중노선
담론사상 구도	민주파/신권위주의파	신좌파/자유주의/신유가 마오좌파/사민주의	근대론파(헌정파)/ 중국학파
권력구조 변화	영역별 분권(黨政/政企/ 政社)	행정별 분권 (중앙/지방정부) 기능별 분권 (정치/경제/사회)	당 권력 집중 중앙정부 권력 집중
당의 영도	(黨章) 정치 영도	(黨章) 정치, 사상, 조직의 영도	당 영도의 헌법 명문화(2018년)
통치수단 (혹은 권위의 근거)	개혁 이론의 정당화	+ 법치(依法治國)	+ 역사적 정통성 (전통, 문명) + 사회주의 혁명 정통성
담론의 특징	현실문제 해결을 위한 방법, 경로, 해법 모색	(서구적) 근대화의 중국적 변용 중국 특수성의 이론화 모색	중국모델의 보편화 추구 중화의 재보편화
단계적 특징	모색기	학습기	창조기

현대성, 자주와 민주, 사회정의, 경제윤리, 민족주의 등 주로 어떻게 개혁할 것인가, 어느 방향으로 개혁할 것인가 등의 문제를 둘러싸고 전개되었다.

첫 번째 시기 현대화 목표에 대한 해석과 추구가 대체로 일치했던 것에 반해, 두 번째 시기 사상계 내부는 추구하는 목표나 가치지향, 지식배경, 담론방식 등에서 모두 분기되어 점차 접점을 찾기가 어려워진다. 담론이 담론에만 그치지 않았고 문혁 이후 분화된 사회세력과 결합되어 현실 개혁을 둘러싼 집단행동의 이론적 토대를 제공하기도 했다. 1990년대 중반 마오쩌둥에 대한 향수에서 시작되어 2000년대 전국적 네트워크를 통해 개혁정책을 비판하고 불평등 문제를 제기하는 대중적 마오좌파의 등장, 2000년대부터 농민공, 여성 등 사회적 약자와 소수자 인권에 대한 권리보호 운동을 펼치고 있는 신(新)공민운동, 그리고 1999년 나토의 주유고 중국대사관 폭격사건을 계기로 터져 나와 2000년대 들어 지속적으로 발생한 대중민족주의 등은 각각 신좌파, 자유주의, 민족주의 담론과 밀접한 관련이 있다. 또한 담론은 사회세력화뿐 아니라 개혁을 위한 실질적인 정부정책으로까지 이어지기도 했다. 대표적으로 자유, 민주, 개방, 시장 등의 가치를 내세운 광둥모델과 민생, 분배, 복지 등의 가치를 중시하는 충칭모델을 들 수 있다. 두 번째 시기는 주로 지방정부의 경쟁을 통해 개혁을 추진해왔고, 여러 가지 다양한 실험들이 지역별로 시도되었던 시기였기 때문에 개혁을 둘러싸고 이념(담론)-세력-정책의 삼각 고리가 유기적으로 연결되어 있었던 때라 볼 수 있다.

앞 두 시기의 담론이 주로 전환과 발전 과정에서의 국가와 시장의 역할, 정치개혁과 경제개혁을 둘러싼 '좌우'의 논쟁이었다면, 세 번째 시기에는 점차 '중국적인 것'과 '서구적인 것'의 대립 구도를 통해 중국 정체성을 형성해나가는 '동서'의 논쟁으로 옮겨간다. 이에 따라 두 번째 시기에 있었던 두 개의 주요 사상 흐름, 즉 신좌파와 자유주의 내부에서 전통에 대한 현대적 해석을 통해 중국문제와 (서구) 근대문제의 돌파구를 모색하려는 흐름이 나타난다. 이에 따라 좌파, 우파 내부 모두에서 전통과 유교에 관한 관심이 증폭되었고, 주요 담론 역시 오늘날의 정치적 쟁점을 대안적 문명 탐색과 결합하여 논의하고 있다.

또한 앞 두 시기의 주요 관심이 '어떻게 부를 달성할 것인가(부강)'의 문제였다면, 세 번째 시기에는 '어떠한 현대국가를 완성할 것인가(문명)'의 문제가 더욱 주목받고 있다. 물론 중국이 지향하는 현대국가란 서구 주권체제에서의 민족국가가 아닌 중국의 역사성과 강역, 민족, 문화적 다양성을 포괄하고 통합하는 현대적인 국가체제를 말한다. 어떠한 국가를 만들고 어떠한 미래로 나아갈 것인가의 문제를 둘러싸고 중국 사상계는 눈을 과거로 돌렸다. 세계금융위기로부터 비롯된 서구식 경제논리의 한계와 전 세계적인 민주주의 위기라는 현상이 이러한 흐름의 전환을 조성한 객관적 환경이었지만, 중국 역사 내부에서 보았을 때 새로운 미래의 길을 열기 위한 자원은 과거 중화문명과 혁명역사에 있다고 보았고, 그래서 나온 담론들이 문명, 인민성, 군중노선, 혁명 역사에 대한 재해석 등이다. 중국의 권력구조와 공산당 일당제를 포함한 모든 정치제도와 사회경제적 주제를 역사문명적 시야에서 탐색하고 나아가 문명적 보편성을 획득하기 위해 진행된 이론화 작업들은 기존의 사상적 지형마저 바꿔놓아, 이념은 다르지만 중국 문명을 재해석하려는 넓은 범주의 '중국학파'를 등장시킨 것이다.

중요하게 지적해야 할 점은 '당 영도' 지위의 변화가 가져오게 될 정치담론 지형의 변화다. 중국은 당이 모든 것을 영도하는 '당-국가체제'인데, '당이 무엇을, 어떻게 영도할 것인가'에 관한 규정은 세 시기에 걸쳐 변화되어왔다. 첫 번째 시기에는 권력집중 방지와 당정분리 원칙에 따라 당의 영도를 '정치' 영역으로 한정하여 규정했고, 천안문 사건을 겪은 뒤 두 번째 시기에는 당의 영도가 '정치'뿐 아니라 '사상'과 '조직'의 영역으로까지 확장되었다. 2018년 국가주석 3연임 제한 조항 폐기로 주목을 받았던 헌법 개정에서는 "중국공산당 영도는 중국특색사회주의의 가장 본질적인 특징이다"라는 문구를 추가하여 '당의 영도'를 명문화하고 있다. 헌법 개정에 앞서 2017년 10월 수정된 '당헌'에서도 "동서남북중(東西南北中), 당정군민학(黨政軍民學), 당이 모든 것을 영도한다"는 정치적 원칙을 승인한 바 있다. 당원의 규약인 '당헌(黨章)'뿐 아니라 모든 국민을 대상으로 한 최상위 법 '헌법'에서 당의 영도를 명문화했다는 것은 향후 중국정치 분석에 있어, 이제까지와는 다른 해석이 필요해졌음을 의미한다고 볼 수 있다. 당의 영도적 지위가 '법 권위'에 의해 보장됨으로써 '당 우선이냐 법 우선이냐'라는 논쟁은 불필요하게 되었을 뿐 아니라, 당 영도 부정은 헌법부정, 국가전복이라는 불법 행위가 된다. 또한 이제 당 영도의 범위나 정도, 방법 등에 관한 논의 자체도 어려워졌을 뿐 아니라 당 밖의 조직화도 사실상 불가능하게 된다. 당 영도의 명문화는 '당

영도의 제도화'로 실현되고 있는데, 현재 행정뿐 아니라 사회, 경제 영역 등 전방위적으로 진행되고 있는 조직개편은 당 영도 원칙에 따른 통치 기구의 재편 과정으로 이해할 수 있다. 그 방향은 당 권력과 중앙권력의 강화이며, 이제 중국만의 정치적 경로와 모델을 탐색해나가겠다는 분명한 선언으로 볼 수 있다. 이에 따라 정치담론 역시 당의 영도를 제도화하는 정치적, 정책적 제안이나 중국의 문명사 속에서 당 영도의 정당성을 연결하는 담론이 주를 이루게 될 것이며, '체제변화'가 아닌 '체제안정과 통합'을 위한 거버넌스 탐구, 당과 인민을 하나로 묶고 소통가능하게 하는 제도 등이 주요 논의 주제가 될 것이다. 동시에 사회주의 맥락에서의 인민민주 실현과 분배 및 공평의 원칙이 관철되는 구체적인 경제정의 방식에 관한 논쟁도 더욱 치열해질 것으로 전망된다.

현재 중국은 대내적으로는 앞 시기의 개혁으로 야기된 부정부패와 빈부격차 문제가, 대외적으로는 단순한 무역 분쟁을 넘어 미래를 둘러싼 미중 간의 패권 경쟁적 대치 상황에 직면했다는 위기감이 팽배해 있다. 경제발전단계 측면에서도 이제는 기존의 양적 투자확대를 통한 성장이 불가능해졌고 중앙의 권한으로 모든 자산을 집중 통일시켜 효율성을 높여야 하는 새로운 단계로 접어들었다. 현재 중앙당을 중심으로 진행되는 조직·제도·정책 개편은 이러한 위기에 맞서 필요한 것이 무엇보다 '효율'과 '집중'이라는 판단에서라고 볼 수 있다. 또한 중국 지도부는 이러한 '현실인식'과 함께 오늘날 중국이 직면한 문제가 "근현대 이후 지속되어온 과제"라고 인식하고 있다. 이는 근대로의 이행기 이후 지속되어왔고 아직 해결되지 않은 시대적 과제가 남아 있다는 '역사인식'으로,

오늘날의 문제는 단순히 '현재'의 문제만이 아니라 '근대' 이후부터 중국이 풀어나가야 할 역사적 과제라는 것이다. 이러한 시각에서 본다면 개혁 40년은 근대화로의 또 다른 전환기로 볼 수 있고, 다시 세 개로 나눈 개혁 시기는 '중국식 근대화'를 달성하기 위한 모색기-학습기-창조기로 구분할 수 있다. 이는 마치 전통왕조 붕괴 이후 19세기 말에서 20세기 초 5·4운동까지 약 30-40년 간 있었던 중국 지식인들의 지적 모색 과정을 연상시킨다. 이 시기에도 다양한 정치담론과 함께 크게는 '중체서용 (中體西用)'의 지적 논쟁을 통해 형성된 광범위한 '중국학파'와 서구 근대적 지향을 갖는 학파가 있었다.

복잡해진 현실정치 지형과 미완의 과제

자유주의적 관점에서 보았을 때 당과 최고 지도자로의 권력 집중, 당 기구와 정부 기관의 조직 합일 개편, 사상 및 사회통제 강화 등의 조치는 분명 중국정치의 퇴행적 현상으로 보인다. 그러나 시진핑 정치를 퇴행이라 한다면 그 앞 시기의 정치가 선진적이었어야 하는데, 전례 없는 빈부격차와 지방정부에 의한 땅 투기 및 관료들의 폭리, 안정유지를 명목으로 기층의 저항을 짓눌렀던 폭압의 정치는 장쩌민-후진타오 시기를 거치며 심각한 수준에 이르렀다. 시진핑을 핵심으로 한 현 중국 지도부의 입장에서 보면, 지난 시절 개혁과정에서 초래된 문제들, 특히 지방과 특정 부문을 중심으로 고착화된 부패와 불평등의 문제를 시정하지 않으면 당의 존립 자체가 위협받을 수 있다는 위기의식이 현재 중국정치의 새로운 흐름을 만들었다고 볼 수 있다. 경제학자 원톄쥔(溫鐵軍)의 설명에 따르면 지금 중국은 인구 10%의 대자본과 고위 관리층, 인구 30%를 차지하는 5억 규모의 중산층, 그리고 나머지 60%의 대다수 인민들로 계층화되어 있다. 지식인을 포함한 중산층은 대체로 자유주의적 성향이 강하며, 노동자 농민 등 기층 인민들은 중앙당에 대한 지지와 믿음이 여전하다. 대다수의 지방 관료들은 부패했지만, 부패한 관료들을 처벌하고 단죄할 주체는 여전히 당뿐이라는 믿음이 강하다. 그런 면에서 시진핑 일인으로의 권력집중에 대한 엘리트층 내부의 비판과 불만에도 불구하고 아직 인민들의 지지와 기대가 남아 있는지 모른다.

그러나 중국 사회구조와 이익관계는 이미 개혁 초기와는 비교도 되지 않을 정도로 달라졌다. 특히 1990년대 후반 이후 최근 20년간 진행된 개혁의 결과, 이익을 본 계층과 개혁에도 불구하고 별반 달라지지 않았거나 혹은 더욱 상황이 나빠진 계층으로 극명하게 갈렸다. 앞으로 어떤 정책을 추진한다 해도 인민 모두의 지지를 받기란 매우 어려우며, 그런 점에서 중국 역시 양극화된 현대정치의 당파성에서 자유롭지 못하다고 볼 수 있다. 중국의 현대사가 만들어놓은 사회저항의 사상적 지형 역시 단순하지 않다. 특정 지역과 세대, 계층은 사회주의를 활용하고(퉁화(通化)철강, 룽메이(龍煤) 노동자시위 사건), 개혁개방 이후 세대인 80·90 後 세대는 개혁이 낳은 불평등에 저항하며 좌파 지식과 결합하고 있으며(張云帆 사건, JASIC(佳士)노동자 지지 청년성원단 조직), 반면 일부 지식인들은 헌정을 주장하며 절대권력을 비판하기도 한다(許章潤 교수, 翟桔紅 교수 사건). 또한 동영상 앱 네이한돤즈(內涵段子) 폐쇄에 대한 집단 항의, 크레인 기사들의 전국

18개 도시 5·1연대 시위 계획 등 이미 다양한 균열의 조짐들이 곳곳에서 터져 나오고 있다. 이러한 저항들의 이념적 배경은 서로 다르지만, 기존에 수직적으로 조직되어 있던 중국 사회구조에 균열을 내면서 수평적 연대가 늘어나고 있다. SNS를 활용해 행동으로 연결하기도 하고 주류 매체에서는 '계급'이란 말이 사라졌지만, 청년 노동자라는 세대와 계급이 맞물린 이슈도 고도로 정치화되고 있다.

　　또한 중앙당의 강력한 리더십을 핵심으로 한 효율적 체제로 개편한다는 정책목표에도 불구하고, 이러한 계획이 잘 추진되고 집행될 것이냐는 또 다른 문제다. 이러한 상황에서 향후 중국이 직면한 가장 커다란 위기는 지난 개혁이 야기한 문제들을 어떠한 담론과 동력으로 돌파해 갈 것이냐는 문제라고 볼 수 있다. 중국은 '부강'과 '발전'에 대한 강박증을 갖고 있지만, 사실 '문명'은 '부강'을 이룬 뒤 저절로 오지 않는다. 어떠한 경로와 과정을 거쳐 부와 발전을 이루었느냐가 이후의 경로를 지배하며 의도한 경로대로 가지 못하게 방해하기도 한다. '발전지상주의'로 일관했던 지난 개혁의 역사는 중국에 엄청난 부를 안겨다 주었지만, 이 과정에서 이익을 쫓으며 형성된 새로운 인간형과 근본적으로 달라진 사회적 관계, 그리고 고착화된 구조적 불평등을 시정하고 해소하기 위해서는 많은 노력과 시간이 소요된다. '부강'을 강조하던 시기에 사람들을 움직였던 이익의 인센티브는 구체적이고 분명하지만, '문명'을 강조하는 시기에 사람들에게 돌아오는 이익은 불분명하며 미미하다. 게다가 개혁 과정을 거치며 중국 사회주의는 기술관료화되었고 중국 사회는 시장사회가 안고 있는 위험들을 고스란히 안고 있으며 '사회주의자 없는 사회주의'로 전락하고 말았다. 이러한 시대적 위기를 다시 '당 중심 사회주의'로 극복할 수 있을지, 과연 부강과 문명을 갖춘 새로운 시대를 열며 국가현대화라는 꿈을 달성할 수 있을지, 향후 중국사회가 제시하는 담론과 이에 대한 치열한 논쟁을 계속해서 주목해야 하는 이유다. ●

● **장윤미** | 베이징대학교에서 정치학 박사학위를 받았으며, 주요 연구영역은 중국 정치체제변화, 중국의 노동정치 및 사회운동 등이다. 서강대 동아연구소, 인천대 인문학연구소, 성균관대 동아시아학술원 등에서 연구했으며 현재 동서대학교 중국연구센터에서 학술연구교수로 있다. 주요 논저로는 『열린 중국학 강의』(공저, 2017), 「중국과 한반도에서의 '민족' 개념의 인식과 갈등구조」(2018) 등이 있다

4장

중화체제와 '하나의 중국', 그리고 규범경쟁

전인갑 서강대학교 사학과

40년 전 중국에서는 개혁개방이라는 새로운 국가건설 패러다임을 실험하기 시작하였다. 현상적으로 보기에 마오쩌둥 시대와의 결별을 선언한 과감한 코페르니쿠스적 전환이었다. 1978년에 덩샤오핑이 개혁개방을 결단했을 때, 그는 마치 우공인 듯했다. 개혁개방이라는 큰 산이 옮겨질지는 어느 누구도 알 수 없었다. 그러나 40년이 흐른 2018년 오늘날 중국 근현대사의 흐름을 바꾼 '거대한 전환'이 마무리되는 단계에 와 있다. 미래 100년을 향한 중국의 꿈과 도전이 응축된 중국의 국가전략인 일대일로가 마치 그 개념도, 내용도 그리고 청사진도 막연하기 짝이 없이 시작하여 그 '실재'가 하나하나 만들어지고 있음을 목도하고 있는 바, 개혁개방도 '막연'하게 시작되기는 마찬가지였다. 어쩌면 개혁개방과 일대일로라는 거시적 국가 대전략은 전형적인 중국적 사유방식인 우공이산(愚公移山)적 사유와 그 실천의 산물이라 해도 크게 잘못된 해석은 아닐 것이다.

개혁개방 40년은 중국 사회를 '혁명'했다. 마오쩌둥으로 표상되는 중화인민공화국의 전(前) 30년이 정치혁명의 시대였다면 덩샤오핑으로 상징되는 후(後) 40년은 지금도 여전히 진행되는 압축적 사회혁명의 시대다. 오늘날의 성취는 덩에 의해 시작된 사회혁명이 양립 불가능할 것만 같았던 마오의 정치혁명과 융합한 결과이기도 하다. 사실 개혁개방 즈음의 중국은 전통적 '봉건사회'도 아니고 그렇다고 자본주의 사회도 아닌 중국이었다. 또한 그 당시의 중국은 사회주의도 아니고, 사회주의가 아닌 것도 아닌 소위 사회주의 초급단계라는 궁색한 개념으로 정의할 수밖에 없었던 미미한 발전 단계에 있던 중국이었다.

그런데 40년의 변화로 중국의 사회와 경제는 역사상 유례를 찾기 어려울 정도로 풍요로워졌다. 중국은 정보기술혁명을 선도하며 인류의 과학기술과 사회문화 진보에 적극적으로 개입할 정도로 발전하였다. 한국 그리고 세계의 문제에 중국이 큰 영향을 미친다는 사실이 상식이 된 지 오래다. 중국을 빼고는 한국과 한반도의 미래도, 세계의 미래도 운위하기 어려운 상황이다. 개혁개방 초 한국인이 경험한 중국을 떠올리면 그야말로 가히 상전벽해라 하겠다. 한국과 서구에서 확산되는 혐중 의식도 그러하지만, 뉴노멀(新常態)이라 일컬어지는 기존 상식의 파괴와 그에 따른 충격도 상전벽해적 상황이 불러일으킨 반작용이라 할 수 있다. 특히 한국에서 일부 보수 성향의 언론매체나 지식인들이 부추기는 위험수위의 반중 정서와 대중국 인식의 왜곡은 한국이 경쟁 우위(優位)에서 경쟁 열위(劣位)로 전락하고 있다는 위기감의 다른 표현이라 하겠다.

'하나의 중국'과 중화체제: 영토적 일통(一統)과 문화적 일통의 결합

이러한 상황의 도래를 한국 사회나 세계가 충분히 예상하지 못했다. 그것은 중국에 대한 실사구시적 통찰의 부족, 중국 분석 기준의 도그마, 중국의 사유방식과 개념 그리고 중국이라는 거대한 역사체 운영의 역사적 경험에 대한 이해 부족 등이 복합적으로 작용한 결과다. 그 대표적인 사례가 '하나의 중국'에 대한 불철저한 이해다. 오늘날 중국이 어느 누구에게도 결단코 양보할 수 없는 핵심이익 중의 핵심이익이 '하나의 중국' 원칙이다. 우리는 이를 중국외교의 철칙으로 알고 있다.

그렇다면 '하나의 중국'이란 어떤 의미이고, 그 실체는 무엇인가? 이 개념이 타이완을 비롯하여 홍콩, 마카오 그리고 티베트와 신장을 비롯한 변경의 소수민족 지역이 '분리할 수 없는' 중화인민공화국의 영토라는 정도의 의미라면 그리 복잡한 분석이 필요하지 않다. 왜냐하면 여기서 말하는 '하나의 중국'은 본질적으로는 영토적 통합을 의미하기 때문이다. 이러한 의미에서의 '하나의 중국'을 계승하여 유지하는 문제는 대청제국 붕괴 이전부터 초미의 관심사였다. 신생 공화국인 중화인민공화국은 성공적으로 대청제국의 영토를 계승했으며, 개혁개방으로 대국화에 성공한 현 시점에서는 '하나의 중국'을 실질적으로 위협하거나 이 철칙에 반기를 들 수 있는 집단이나 국가도 드문 현실이고 보면 영토적 통합이라는 차원에서의 '하나의 중국'은 이미 논란거리가 되기도 어렵다. 다만 티베트나 타이완 등을 지렛대로 중국을 견제하려는 경우에는 의미 있는 활용 도구가 될 수는 있을 것이다.

그런데 이 개념은 중화체제라는 개념과 불가분의 관련성이 있으므로 이를 이해하기 위해서는 중화체제의 개념을 먼저 이해해야 한다. 중화체제는 지배 영역의 통일과 문화의 통합을 두 축으로 유지되는 체제다. 중국에서 국가권력이 정통성을 가지려면 첫째 전(前) 왕조나 국가가 확보했던 영토를 계승해야 했으며, 둘째 중화문화의 본질적 가치를 보존하고 발전시켜야 했다. 전자를 영토적 일통(嶺土的 一統)이라 하고 후자를 문화적 일통(文化的 一統)이라 한다. 문화적 일통, 말하자면 보편 가치와 보편문명으로 지상에 문화공동체(이는 천하 공동체이고, 현대적인 용어로 말하자면 '인류운명공동체'이다)를 구현하는 것이 국가권력의 당위적 의무였다.

영토적 일통은 중앙집권적 군현제도와 백성들에게 토지를 나누어주는 수전(授田)제도를 매개로 실현했고, 문화적 일통은 유교적 보편가치를 공유하는 세계를 만드는 노력(일종의 문화공동체 혹은 가치공동체 건설) 그리고 문화적 위계질서와 경제 및 정치·군사적 위계질서가 결합한 조공제도를 통해 구현하려 했다. 문화패권이 조공제도를 통해 구현되는 구조였다. 전통 중국에서 도덕과 문화를 관장하는 예부가 외교를 담당한 것은 조공제도로 통칭되는 외교제도-조공책봉, 기미, 화친, 호시(互市)-를 문화적 보편성을 실현하기 위한 수단이라는 인식(이념)의 산물이다. 여기서 간과해서는 안 될 문제는 중화체제가 완성되기 위해서는 영토적 일통이 선행되어야 한다는 점이다. 중국의 역사에서 강력한 중앙집권적 지배와 개별 인신에 대한 지배 시스템이 먼저 확립된 후에 중국 제국의 패권과 문명적 보편성이 강화되고 글로벌하게 확산되는 패턴을 쉽게 확인할 수 있다. 제국의 내부에 대한 강력한 통제력의 확보가 패권을 수반한 세계제국 그리고 보편적 문명제국의 출발점이었다.

'하나의 중국'은 영토적 일통과 문화적 일통이 결합된 중국이다. 전통시대에는 이를 천하라고 했고, 현재는 이를 '하나의 중국'이라 부를 뿐이다. 천하의 현대적 용어가 '하나의 중국'이라 하겠다. 중화체제는 천하 '하나의 중국'을 유지하고 발전시켜 영속하게 하는 기능이 그 본질이었다. 아편전쟁 이후 중화체제가 심각한 해체의 위기에 직면한 이래 전통적 의미에서의 중화체제는 붕괴의 길을 걸었다. 하지만 영토적 일통을 지키기 위한 근현대 중국인의 분투는 혁명과 내전, 제국주의 열강과의 지난한 투쟁을 통해 지속되었다. 그리고 중화인민공화국이 대청제국의 영토를 성공적으로 계승하는 성과를 올렸으며, 제국주의 시대의 부산물인 홍콩과 마카오를 각각 1997년과 1999년에 중국으로 편입하는 데 성공했다. 또한 티베트와 신장, 내몽골을 비롯한 변경과 소수민족 지역에 대한 베이징의 장악력은 사실 대청제국이 이들 지역을 하나의 정치적 단위로 편입한 이래 가장 강력하게 행사되고 있다. 최근 관심의 초점이 된 홍콩의 자치, 자주, 자결의 요구는 중국에서 역사적으로 존재했고, 현재에도 그리고 앞으로도 존재할 수밖에 없는 분권과 집권의 갈등이 빚어낸 현상에 불과하다. 지역 정체성 및 지역 이익과 중국이라는 정체성과 이익은 역사적으로도 항상 갈등적이었다. 하지만 양자는 지역 이익과 천하 이익의 조화를 추구하는 본질적 속성을 갖고 있었다. 말하자면 지역과 중국의 조화를 통해 국가건설-전통적인 용어로는 천하 건설-을 추구했다.

하나의 중국: 문화적 일통의 현대적 양상

'하나의 중국'을 지탱하는 또 다른 측면 즉 문화적 일통은 근현대 중국사에서 해결하지 못한 큰 문제였다. 그런데 개혁개방의 성공을 자양분으로 21세기 벽두부터 문화적 일통을 위한 논의들이 백출하여 이제는 몇 개의 담론으로 발전했을 뿐 아니라 논의 내용의 일부는 국가전략으로 채택되는 등 문화적 일통을 향한 움직임이 담론을 넘어 실천의 차원으로 진화하고 있다.

최근 중국 사상계에서 유행하는 다양한 세계질서론(이하 세계담론으로 약칭)이 문화적 일통을 추구하는 담론들이다. 대표적인 '세계담론'으로 신조공질서론, 신천하주의/질서론, 신천하체계론, 문명형국가론(文明型大國論), 중국의 시각론(時刻論), 신유가 문명국가론, 유가헌정론(儒家憲政論)이 있다. 이처럼 백화제방의 형국을 보이는 다양한 세계담론을 보면서 중국 사상계가 분명 세계와 문명을 사유의 단위로 삼아 중국의 국가성격을 재정의하고 세계질서를 새롭게 구상하고 있음을 확인할 수 있다. 이러한 분위기는 마치 중국의 전통적 세계질서관인 천하관(天下觀)이 귀환한 듯한 모양새다.

여러 세계담론이 주장하는 바는 각기 차이가 적지 않으나 다음과 같은 공통점이 있다. 이들 담론들은 천하질서를 공존의 질서, 패권적이지도 억압적이지도 않는 평화로운 왕도의 질서 그리고 중국 중심의 세계질서가 아닌 다중심의 세계질서, 관용과 포용의 질서로 높이 평가하고 있다. 그리하여 그들은 전통적 천하주의/질서를 미래 세계질서의 새로운 원리 그리고 세계통합의 새로운 규범을 창안하는 출발점으로 삼고자 한다. 또한 그들은 새로운 가치 표준과 기준을 창안하고 제공하는 문명전략을 만들고, 실천하는 주체임을 자임하고 있다. 말하자면 독자적인 '중국의 문명전략'을 만들고 있다 하겠다.

　　미국과 함께 세계질서의 편성자이자 변경자로 등장한 중국이고 보면 지식 엘리트와 권력 엘리트의 담론 공간에서 이러한 논의가 백출하는 것이야 충분히 이해할 수 있다. 그런데 이러한 현상에서 주목해야 할 사실은 중국의 지식 엘리트와 권력 엘리트들이 정치와 군사, 경제 방면의 패권 경쟁은 이미 중국으로의 세력전이(勢力轉移) 단계에 진입했음을 당연하게 여긴다는 점이다. 나아가 이들은 패권을 경쟁함과 동시에 문명의 부상을 통해 중국이 창안하고 확산시킬 문명의 표준을 만들어야 하는 소명을 숨기지 않는다는 사실 역시 간과해서는 안 된다.

'수용형 규범경쟁'에서 '융합형 규범경쟁'으로

여하튼 개혁개방에 성공한 중국이 문화적 일통을 향한 본격적인 걸음을 떼기 시작한 것은 분명하고, 이에 따라 글로벌 표준을 자임하는 미국(나아가 서구문명)과의 가치와 규범 경쟁이 본격적으로 전개되는 양상이다. 21세기에 중국이 제기하는 규범경쟁은 아편전쟁 이후 20세기 후반까지 중국이 벌여온 서구와의 가치경쟁/규범경쟁과는 전혀 다른 차원에서 전개되고 있다.

　　20세기까지의 주된 흐름은 서구 규범의 수용을 대전제로 그것의 중국적 재구성/토착화를 도모하는 한편 전통적 중국 규범의 현대적 재구성을 모색하는 방식으로 진행되었다. 20세기 전반기는 일방적인 열위 (劣位)에서 벌인 규범경쟁의 시기였다. 이 시기에는 소위 만국공법-서구가 창안한 보편가치, 행위규칙과 제도-의 수용이 시대적 과제였다. 그렇다고 해서 일방적 열위에서 서구가치를 수용할 수밖에 없었던 당시에도 서구 규범의 일방적 수용이 시대적 과제였던 것은 아니었다. 서구 규범과 중국 규범의 절충과 융합 혹은 중층적 통합을 위한 지적 분투들이 20세기 지성사의 저류에 강하게 흘렀다. 문화보수주의 사조들의 지적 분투에서 잘 드러나는 이러한 흐름은 '수용형 규범경쟁'이라 하겠다.

20세기 후반기는 서구 규범의 보편성을 인정한 바탕 위에 '중국 특색의 규범'을 창안하고 확산하는 방식으로 규범경쟁을 벌인 시기였다. 이 시기에는 중국 고유의 세계주의-천하주의-가 프롤레타리아 국제주의라는 외피를 쓰고 부활하거나, 후술하는 바와 같이 캉유웨이나 쑨원의 대동세계론에서 발견되는 보편주의적 세계질서 구상이 재등장하였다. 그렇지만 이 시기에 서구 규범의 보편적 가치가 부정되지 않았다. 중국의 지식·권력 엘리트들은 오히려 서구 규범을 전제로 작동되는 현존의 "체제와 제도를 타파하고 혁신"하는 것이 아니라 "이를 수호하고 존중하는 기초 위에서 현행 규범의 불합리성을 개선"하는 방향으로 규범경쟁에 개입하였다. 이러한 흐름은 비록 '중국 특색'이라는 과도성을 내포한다 해도 서구 규범의 절대적 가치에 도전하는 한편 중국 규범의 등가성 나아가 그 보편성을 요구한다는 점에서 '융합형 규범경쟁'이라 하겠다.

'대안형 규범경쟁'의 시대로: '문명형 국가' 모델의 실험

오늘날 중국이 제기하는 규범경쟁은 20세기와는 전혀 다른 패러다임에서 전개되는 양상이다. 중국의 역사 속에서 발원하는 개념과 사유방식으로 세계를 사유하는 새로운 패러다임을 생산하여 근대 서구가 창안한 패러다임과 경쟁하는 구도가 그것이다. 사유방식의 새로운 패러다임은 새로운 규범을 만든다. 최근 중국에서 재등장한 다양한 세계질서론-신조공질서, 신천하주의, 신천하체계, 문명형 대국 등의 논의-에서 엿볼 수 있듯이 자신들이 생산하는 세계체제 구상이 세계질서의 새로운 규범으로 적절한지 실험하고 있다. 중국 고유의 세계주의/보편주의 사유방식이 귀환한 듯하다.

여하튼 이러한 현상에서 21세기의 지식·권력 엘리트들이 '대안형 규범경쟁'을 벌이고 있음을 발견할 수 있다. 물론 아직은 '대안형 규범경쟁'이 일반적 현상으로까지 확산했다고 보이지는 않는다. 그러나 '대안형 규범경쟁' 즉 중국인의 사유방식에서 발원하는 세계질서 구상이 본격적으로 탐색되고 있는 것은 부정할 수 없는 사실이다. '부강의 부상'을 달성한 중국은 "총체적 곤란에 직면한 세계에 기존과는 다른 세계질서의 청사진을 제공"해야 한다는 성세의식(盛世意識)과 사대부적 천하의식이 그러한 탐색을 촉발한 것으로 보인다.

이러한 현상의 대표적인 사례가 중국 사상계에서 이슈화된 '캉유웨이(康有爲) 모델'과 '량치차오(梁啓超) 모델'을 둘러싼 쟁론이다. 청말 중국은 문명제국의 보편성이 부정되는 상황에 직면했다. 이는 문명제국 중국의 몰락을 의미했으며, 문명제국을 국민국가로 전환해야만 했다. 이러한 일련의 과정은 중국이라는 역사체에 가해진 미증유의 충격이었다. 왜냐하면 문명, 가치(道, 德), 보편주의는 중국이라는 제국을 보편제국답게 만드는 핵심이었기 때문이다. 보편제국, 문명제국이 붕괴하는 미증유의 충격에 직면한 캉유웨이와 량치차오는 '중국'의 보존을 위한 대안을 고뇌하였다. 고뇌의 결과는 전혀 다른 길이었다.

　　　캉유웨이는 문명국가 모델을, 량치차오는 국민(민족)국가 모델을 선택했다. 두 모델 중 전자는 보편, 문명, 천하체제와 대일통(大一統)의 제국질서를 대안으로 선택한 모델이었고, 후자는 중국(중화)민족, 민족주의, 열국체제와 세력균형의 질서를 선택한 모델이었다. 또한 중국이 향후 모색해야 할 국가건설의 길에 대해서도 전자는 보편주의 문명국가를, 후자는 민족주의 국민국가를 모델로 제시했다. 전자의 구상은 문명 즉 문화적 동일성을 국가의 정당성과 합법성의 기반으로 삼음과 함께 역사 발전과 사회안정의 동인으로 여기는 중국의 전통적 문화주의의 연장선에 있다 하겠다. 후자의 모델은 지난 100여 년 동안 국가건설의 전범이 된 바, 중국은 근대적 국민국가 만들기에 진력해왔다.

신시대의 천하: '인류운명공동체'와 새로운 규범

최근 중국의 사상계에는 다양한 세계질서담론에서 확인할 수 있듯이 량치차오 모델보다는 캉유웨이 모델에 가까운 질서구상/문명구상이 크게 확산하고 있다. 또한 신캉유웨이주의(新康有爲主義)가 등장하기도 했다. 이러한 현상은 중국이 어떠한 세계질서를 창안하고 주도해갈 것인가를 둘러싼 중국 지식인들의 고뇌의 산물이다. 그 고뇌의 핵심은 문명국가를 선택할 것인가 아니면 국민국가를 선택할 것인가 혹은 양자가 '합일(合一)'한 '문명형 국가'를 만들 것인가의 문제다. 여하튼 이처럼 캉유웨이 모델이냐 량치차오 모델이냐 하는 근현대 중국의 해묵은 문명전략/국가대전략 논쟁은 량치차오 모델에서 캉유웨이 모델로 바뀌고 있다. 중국의 문명전략/국가대전략이 이렇게 변화한다는 사실은 건설하고자 하는 미래의 중국은 패권과 보편주의를 겸용한 대국이어야 한다는 의미이기도 하다.

그런데 이와 함께 주목해야 할 현상은 중국 지식인들이 세계를 대상으로 사유하고, 세계의 미래에 대한 책임의식을 가지고 행동한다는 사실이다. 량치차오도 벗어던지지 못했던 천하흥망(天下興亡) 필부유책(匹夫有責) 의식에서 그 전형성을 확인할 수 있듯이 천하를 사유단위로 삼고, 천하에 대한 책임의식을 당위로 여기는 중국인의 천하의식이 다시금 발현되는 것이 아닌가 싶다. 물론 이러한 담론의 유행이 권력 엘리트와 지식인 엘리트에 의해 정교하게 준비된 기획물이라는 혐의를 지울 수 없는 것도 사실이다. 왜냐하면 "세계질서에 대한 상상은 문명과 역량에 대한 강한 자신감을 갖춘 정치 공동체에서 생겨나는" 것이 통상적이고 세계담론의 유행은 "중국굴기라는 현실과 그 정책적 수요에서 발원"한 측면이 강하기 때문이다.

우리는 중국의 세계질서론이 담론의 차원을 넘어서고 있는 최근의 현상에도 주목해야 한다. 2018년 3월 제13기 전국인민대표대회에서 중국은 서구와의 규범경쟁, 가치경쟁을 선언하는 한편 '인류공동운명체'

건설을 국가적 과제로 천명하였다. 그런데 '인류공동운명체'가 실현되기 위해서는 새로운 사회제도가 만들어져야 하는 바, 중국의 엘리트들은 중국이 이를 위한 '중국방안(中國方案)'을 제공할 것임을 강조하고 있다. '중국방안'은 중국의 역사와 사유 방식에서 만들어질 수밖에 없으므로 그것은 서구의 방안과는 근본적으로 대립할 수밖에 없다.

'중국방안'이 '인류공동운명체'의 가장 중요한 토대라 하겠는데, 그 핵심은 근대 서구문명이 창안한 보편가치, 규범, 제도와는 근본적으로 다른 보편가치, 규범, 제도를 창안하는 데 있다. '인류공동운명체'는 중국문명이 창안한 가치와 규범, 제도로 유지되는 하나의 천하이자 공동체라 하겠다. 이러한 발상은 전통시대에 문화적 일통을 이루어 천하를 통합하고 하나의 세계로 만들려 했던 패러다임(예컨대 천하주의)과 유사하다.

이처럼 지금은 권력 엘리트들이 공개적으로 서구와의 담론경쟁, 가치경쟁을 선언하고, 그 내실을 확충하는 과업을 국가의 주요 정책으로 격상시키고 있는 상황이다. 이를 통해 중국은 세계질서론과 문명담론에서 담론 주도권을 장악하려 하고 있다. 21세기 문명담론을 만들기 위해 중국의 권력 엘리트와 지식 엘리트는 천하주의 등 역사상 중국 중심의 세계질서에 관한 담론들을 적극적으로 소환하고 있다. 그 목적은 분명하다. 그것은 중국적 천하질서라는 유산을 새로운 제국의 세계질서 규범으로 원용하는 것이다.

여하튼 필자가 보기에는 '부강의 부상'을 넘어 '문명의 부상'을 갈구하는 중국 엘리트의 바람(願望)은 충분히 이해하나 '문명의 부상'에 대한 조급함(躁動)이 글로벌 대국으로 발전했다는 자신감에 기대어, 현실 상황과의 냉혹한 긴장 관계를 상실하고 분출되는듯하여 우려스럽다. 그렇지만 우리는 문화적 일통을 지향하는 주장들의 논리체계와 실현 가능성 그리고 한국과 세계에 미칠 파장을 면밀하고 심도 있게 분석하고 전망해야 하는 과제를 결코 소홀히 해서는 안 된다. ●

● **전인갑** | 서울대학교에서 중국현대사 연구로 문학박사 학위를 취득하였다. 주요 연구영역은 중국 사회의 장기 안정성의 원인과 구조 그리고 변용 현상에 대한 연구이다. 현재 서강대학교 사학과 교수와 인문과학연구소 소장으로 재직 중이다. 주요 저서로는 『현대중국의 제국몽: 중화의 재보편화 100년의 실험』 등이 있다

5장

국유기업,
'사회주의 시장경제'의 핵심(骨幹)¹

이홍규 동서대학교 동아시아학과

과거 사회주의 체제의 소유제 구조는 사적 소유가 허용되지 않는 공유제(public ownership)의 단일 구조로 확립되어야 한다는 것이 상식이었다. 더욱이 여기서의 공유제란 실상은 국유제(state ownership)를 의미하는 것이라고 해석되었다. 중국에서는 소련과는 달리 집체소유제(collective ownership)도 공유제의 또 다른 형식으로 인정되어왔지만, 집체소유제를 준(準)국유제로 표현하면서 국유제의 변형된 형태이자 부차적인 형태로 치부할 정도로 개혁개방 이전의 중국의 소유제 구조 역시 국유제 중심의 구조로 이루어져왔다. 〈표 1〉은 개혁개방 직전까지 공유제 기업이 중국경제에서 100%의 비중을 차지했으며 공유제 기업 가운데에서도 국유기업의 비중이 절대적 다수였음을 보여준다.

1980년대 국유기업 개혁: 시장진입을 위한 경영자주권 확대

국유기업 개혁이 시작된 1980년대에도 이러한 국유제 중심의 기업구조

표 1. 각 소유제 기업이 중국 공업 총생산액에서 차지하는 비중 (1965-1990)

소유제 유형	1965	1970	1975	1978	1980	1985	1990
국유기업	90.1	87.6	81.1	77.6	76.0	64.9	54.6
집체기업	9.9	12.4	18.9	22.4	23.5	32.1	35.6
개체기업(사기업)	0.0	0.0	0.0	0.0	0.03	1.85	5.4
기타	0.0	0.0	0.0	0.0	0.47	1.15	4.4

*기타란 외자기업, 주식제 기업 등을 의미

출처: 『中國統計年鑑』(各年度)

는 유지되었다. 개혁개방 초기인 1980년대 중국의 국유기업 개혁은 국유기업의 시장 진입과 경쟁력에 초점이 맞추어졌을 뿐 대대적인 국유기업 구조조정을 감수하는 체제개혁은 아니었기 때문이다. 예컨대, 1980년대 초반에는 국유기업 이윤의 일정 비율을 기업 내부에 유보시키도록 허용한 이윤유보제(放權讓利)가 실행되었다. 이는 유보된 이윤을 통해 생산 재투자와 종업원에 대한 인센티브에 사용하도록 하여 생산 효율성을 높이기 위한 것이었지만 왜곡된 가격구조로 인해 회계상의 이윤이 기업의 경영성과를 제대로 반영하지 못했고, 이윤유보 비율에 대한 통일적인 기준이 없어 의도한 개혁성과를 거두지 못하였다.

---

1 본문은 張卓遠, 鄭海航 主編(2008). 『中國國有企業改革30年回顧與展望』(北京: 人民出版社); 건홍리서치(2010). 『중국 국유기업 개혁 연구보고서』, (서울: 한국조세연구원); 劉泉紅(2012), 『國有企業改革-路徑設計和整體推進』. (北京: 社會科學文獻出版社), 이홍규(2016). "시진핑 시대의 국유기업 개혁 방향과 중국모델 – 혼합소유제 개혁을 중심으로" 『중국연구』66권. pp.155-180 등을 참조.

1980년대 중반에는 국가에 대한 국유기업의 이윤상납을 세금납부로 전환하는 이개세(利改稅) 제도가 실행되었는데 이는 정부와 국유기업 간 재무상의 분리를 제도화함으로써 예속된 국유기업 체제를 자율적인 생산주체로 변화시키기 위한 시도였다. 대신 정부는 조세를 통해 국가와 국유기업 간 이윤분배 방식의 규범화와 정부 재정 수입의 안정적 확대를 도모하였다. 그러나 여전히 가격개혁과 회계시스템 개선이 불충분했기에 이개세 제도가 국유기업의 경영성과를 제대로 반영하지 못했고 세율도 기업별 협상을 통해 자의적으로 정해져 국유자산의 유출을 막지 못했을 뿐만 아니라 높은 기업소득세율은 기업의 적극성 유발에도 장애물로 작용했다.

　　1980년대 후반에는 국유기업의 자주적 경영체제를 확립하기 위하여 청부경영책임제(承包經營責任制)를 도입하였다. 이는 국유기업이 정부와 일정 기간 청부계약을 체결하여 국유기업의 경영권을 국가의 소유권과 분리하여 독립적 경영을 보장하는 것이다. 특히 국유기업이 청부계약상의 의무를 초과하여 획득한 이윤은 기업에 귀속하도록 함으로써 생산성을 높이도록 격려하였다. 그러나 이는 국유기업 경영자의 단기 이윤 추구 행위를 유발하였고 정부와 기업 사이의 분리가 실효를 거두지 못하여 '연성예산제약(soft budget constraint)' 상태가 해소되지는 못했다.

　　1980년대 국유기업 개혁이 사실상 별 효과가 없었기 때문에 국유경제의 상황은 갈수록 나빠졌다. 1988년 이전 국유기업의 손실은 20%를 넘지 않는 수준이었지만 1990년대 초가 되면서 국유기업에 손익 "33제"가 나타났다. 즉 삼분의 일은 적자, 삼분의 일은 장부상의 흑자, 삼분의 일만 수익을 냈다. 결국, 국유기업 내부의 지배구조를 개혁하지 않고서는 국유기업의 시장경쟁은 실효를 거두기 어려웠다고 볼 수 있다.

1990년대 국유기업 개혁: 현대적 기업체제 구축과 조대방소(抓大放小)

따라서 1990년대의 국유기업 개혁은 법인화(公司化) 개혁을 통해 국유기업 지배구조의 혁신 즉 현대적인 기업체제 구축이 개혁의 중점이 되었다. 즉, 법인화를 통해 정부는 출자자로서의 권리만을 행사하고 일상적 기업경영에 간섭하지 못하도록 하고 대신 기업은 국가를 포함한 출자자들에 의해 형성된 자산에 대한 법인재산권을 갖고 경영권을 독립적으로 행사하도록 하는 것이다. 또한 법인화는 국유기업에 민간자본의 유입을 허용할 수 있는 길을 열었으며, 이는 국유기업의 재무건전성과 수익성 향상을 위한 것이었다.

　　법인화 개혁에 기반하여 1990년대 후반 이루어진 조대방소(抓大放小) 정책과 기업집단화 정책은 시장경제 속 국유기업 존치하의 시장경쟁력 향상과 국유기업 민영화라는 서로 상반된 두 가지 목표를 동시에 실현하기 위한 것이었다. 조대방소란 대형 국유기업은 더욱 규모를 확대하여 핵심적인 산업경쟁력을 가지도록 정부가 직접 육성한다는 것을 의미하며 중소형 국유기업은 합병, 매각, 청부경영, 구조조정 등 다양한 방식으로 개혁하되 그 개혁 방식은 중소형 국유기업이 자율적으로 추진한다는 것이었다. 대형 국유기업에 대한 지원(抓大) 정책은 대형 국유기업에 대한 정책 지원을 통해 대형 국유기업을 부실에서 벗어나게끔 우량화하겠다는 의미였으며 중소형 국유기업의 자유화(放小) 정책은 사실상 국유기업의 민영화를 의미했다.

특히 1997년 중국정부는 조대(抓大) 원칙에 입각하여 각 산업별로 중점 육성시킬 기업집단을 선정하였는데 이는 국유기업의 규모경제와 국제경쟁력 실현을 위한 것이다. 한편, 1997-1999년의 기간 동안 국유기업에 대한 대대적인 구조조정을 실시한 결과 중소형 국유기업들은 대거 민영화되면서 국유기업 수는 〈그림 1〉에서처럼 급감하게 된다. 국유기업에 대한 구조조정을 통한 민영화로 국유기업 수는 2000년대 초반까지 계속 감소돼왔다.

개혁개방 초기에 비해 개혁개방이 심화된 1990년대 이후 탈(脫)

그림 1. 1978-2002년 국유 공업기업 수의 변화 추이

단위: 만 개

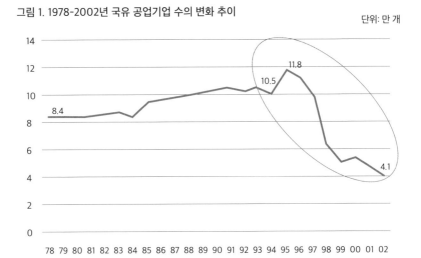

출처: 한국조세연구원(2010)

표 2. 각 소유제 기업이 중국 공업 총생산액에서 차지하는 비중(1991-1999)

소유제 유형	1991	1994	1995	1996	1997	1998	1999
국유기업	56.2	37.3	34.0	36.3	31.6	28.2	28.2
집체기업	33.0	37.7	36.6	39.4	38.1	38.4	35.4
개체기업(사기업)	4.8	10.1	12.9	15.5	17.9	17.1	18.2
기타	6.0	14.9	16.5	8.8	12.4	16.3	18.2

*기타란 외자기업, 주식제 기업 등을 의미
출처: 『中國統計年鑑』(各年度)

국유화(denationalization) 방식의 국유기업 개혁과 구조조정이 더욱 가속화
되고 민간기업의 급속한 성장으로 전체 중국 경제에서의 국유기업의 비
중은 점차적으로 축소되었다.

2000년대 국유기업 개혁: 시장경쟁력 향상과 가치 증대

2000년대 이후 중국 당국의 국유기업 개혁 목표는 우선 국유기업은 존
치시키되 국유기업의 기업지배구조는 다양한 형태로 진화시켜 국유기
업의 시장경쟁력을 향상시키고 국유기업의 가치를 증대시키는 데 있음
을 확연히 알 수 있다. 1999년 중국공산당 제15기 4중 전회에서 통과된
"국유기업 개혁과 발전의 약간의 중대 문제에 관한 중국공산당 중앙의
결정(中共中央關於國有企業改革和發展若幹重大問題的決定, 이하 결정)"에 기본 방향
과 목표가 잘 드러나 있다.

대신 국유기업 경쟁력 강화 외에도 민간기업의 발전을 함께 도모함으로써 중국 전체의 소유제 구조는 혼합경제 모델을 지향하고 있다. 그 과정에서 부실한 국유기업 특히 중소형 국유기업은 적극적으로 민영화하는 것도 시사하고 있다. 아래 〈표 3〉에서처럼 2000년대 그리고 2010년대에도 중국의 국민경제 각 영역에서 국유기업의 비중은 지속적으로 크게 축소되어왔다.

그러나 국유기업의 경제적 자율권은 최대한 신장시키되 중국공산당의 국유기업에 대한 정치적 관리는 오히려 강화하는 입장이었다. 특히 이 시기 국유자산의 가치 보전 및 증대를 위하여 핵심 산업 부문의 국유기업 관리를 강화한 것이 눈에 띄는 대목이다. 우선 2003년부터는 국유기업의 사실상의 소유권자인 중국정부가 정부의 대표기관이자 국유기업에 대한 감독관리기구로 '국유자산감독관리위원회(國有資産監督管理委員會)'를 신설하여 국유기업의 출자자 역할을 수행시킴으로써 국유기업 경영에 대한 감독 관리체제가 새로운 단계로 접어든 것이다. 이는 그동안 중앙 각 부처에 산재해 있어 복잡하게 얽혀 있던 국유기업 소유권에 대한 행정적 관리체제를 폐기하고 국유기업 소유권에 대한 다양한 접근이 가능하도록 했다.

2008년 세계경제위기 이후 중국은 주요 산업 분야에서 국유기업의 시장 점유율을 높이는 대신 민영기업의 입지를 줄이는 이른바 "국진민퇴(國進民退)" 정책을 적극 시행해왔다. 세계 경제위기를 계기로 중국 기업들의 해외 진출(走出去)도 대거 증가하는 가운데 국유기업이 해외진출 전략의 절대 다수를 차지하고 있음도 주목된다. 결국 중국은 국내 시

표 3. 전국 규모 이상의 공업기업의 주요 경제지표

항목		2000년	2010년	2011년	2016년
기업 수(만 개)		16.29	45.29	32.56	37.86
그중	국유기업 기업 수	4.24	0.87	0.67	0.25
	국유기업 수의 비중(%)	26.05	1.93	2.06	0.66
자산 총액(억 위안)		126,211.24	592,881.89	675,796.86	1,085,865.94
그중	국유기업 자산총액	84,014.94	247,759.86	281,673.87	417,704.16
	국유기업 자산총액 비중(%)	66.57	41.79	41.68	38.47
부채 총액(억 위안)		76,743.84	340,396.39	392,644.64	606,641.53
그중	국유기업 부채총액	51,239.61	149,432.08	172,289.91	257,235.38
	국유기업 부채총액 비중(%)	66.77	43.90	43.88	42.40
주 영업수입(억 위안)		84,151.75	697,744.00	841,830.24	1,158,998.62
그중	국유기업 영업수입	42,203.12	194,339.68	228,900.13	238,990.23
	국유기업 영업수입 비중(%)	50.15	27.85	27.19	20.62
이윤 총액(세전 수익, 억 위안)		4,393.48	53,049.66	61,396.33	71,921.43
그중	국유기업 이윤총액	2,408.33	14,737.65	16,457.57	12,324.34
	국유기업 이윤총액 비중(%)	54.82	27.78	26.81	17.14
전체 노동자 연평균 인원수(만 명)		4,102.00	9,544.71	9,167.30	9,475.57
그중	국유기업 노동자 수	2,995.25	1,836.34	1,811.98	1,695.93
	국유기업 노동자 비중(%)	73.02	19.24	19.77	17.90

주. 전국 규모 이상의 공업기업이란 2000년과 2010년에는 영업소득 500만 위안 이상,
2011년과 2016년에는 2,000만 위안 이상 공업기업을 의미

출처: 『中國統計年鑑』(各年度)

장의 독과점을 기반으로 하여 해외시장에서의 국유기업의 국제경쟁력을 향상시키는 데 주력해온 것이다.

　이에 따라 국유기업의 자산 총액이나 영업소득 및 이윤 총액 등은 〈표 3〉에서 보듯 오히려 늘어나는 추세였다. 중국 국유기업은 세계적 수준으로 급성장하고 있음도 주목해야 한다. 즉 국유기업의 수나 비중은 축소되고 있지만 국유기업의 국제경쟁력은 크게 향상되고 있는 것이다. 실제 2017년 세계 500대 기업 반열에 진입한 중국 기업의 수는 105개 사로 132개 사의 미국에 이어 세계 2위를 차지했는데, 이들 가운데 81개 사가 국유기업으로 나타나 77%에 해당되었다. 이는 중국 당국의 국유기업 개혁 목표가 어디에 있었는가를 잘 보여주는 것이다.

　다만, 중국의 국유기업은 여전히 많은 문제점들도 드러내왔다. 실제로 중국 국유기업의 부채와 원가 상승률이 자산과 영업수입 증가율을 상회함으로서 국유기업의 경영 압력이 가중되어왔다. 국유기업의 규모 확대는 중국사회 전체의 공평과 효율을 훼손한다는 비판을 받아왔다. 국유기업들은 석유, 전력, 통신, 철도, 금융 등 독과점 산업의 경쟁우위를 활용해 이윤 창출이 용이하기 때문이다. 반면, 국유기업은 상대적으로 높은 임금과 보너스 그리고 우회적 방식의 간접 급여 등을 통해 평균 임금의 4배 수준의 지나친 고임금을 보장하고 있어 이러한 국유기업들의 고임금 구조와 각종 주택 보조 및 복지 혜택은 기업의 비용 부담을 전체 사회에 전가시키는 결과를 초래하기도 했다. 또한 국유기업은 부패와 투기의 온상으로 중국 기득권 계층의 물질적 기반이다. 국유기업 경영자는 중국공산당이 사실상 임면하는 자리인 만큼, 경영자들은 관료들과 정치적 우호 관계를 유지해야 하는 상황이다. 국유기업은 부동산 개발을 담당하는 자회사를 육성하여 난개발을 주도하면서 버블에 의한 부동산 가격 상승을 부추겨왔다. 국유기업이 권력층 부패의 경제적 기반이 되고 있는 것은 이제 공공연한 사실로 국민적인 원성의 대상이 되어온 것이다.

2010년대 국유기업 개혁: 전면적 민영화가 아닌 혼합소유제 개혁

이러한 중국 국유기업의 고질적인 문제들로 인해 중국의 국유기업 개혁 방향을 둘러싸고 항상 국유기업에 대대적인 민영화(privatization) 필요성이 강력히 제기되곤 했다. 2010년대에도 중국 경제의 성장세가 둔화되자 경제 활성화를 위한 방안으로 국유기업 민영화가 대두되기도 했다. 특히 최근에는 비효율적인 국유기업의 민영화 없이는 중국이 '중진국의 함정(middle-income trap)'에 빠질 수 있다는 비판이 증가한 바도 있다.

그러나 최근 중국 국유기업 개혁은 민영화가 아닌 혼합소유제 개혁(mixed ownership reform)으로 그 방향을 분명히 하고 있다. 중국공산당은 2013년 18기 3중 전회에서 공유제의 주체적 지위를 견지하고 국유경제의 주도적 작용을 발휘하겠다는 전제하에서 국유자본, 집체자본, 비공유자본의 교차 지분 소유로 상호 융합된 혼합소유제 경제를 적극 발전시키겠다고 선언하였다. 또한 중국공산당은 2015년 9월 중국의 국유기업 개혁 가이드라인이라 할 중앙 문건인 〈국유기업 개혁 심화에 관한 중국공산당과 국무원의 지도의견(中共中央, 國務院關於深化國有企業改革的指導意

見)〉을 발표하여 국유기업의 혼합소유제 개혁의 목표와 방식 등을 정확하게 제시하였다.

이 문건에서 중국공산당과 정부는 국유기업의 혼합소유제 개혁이 국유기업의 경영시스템 개선을 통해 국유자본의 역할을 확대하고 국유자본의 배치 및 운용 효율을 제고하기 위한 것임을 분명히 하고 있다. 또한 국유기업의 혼합소유제 개혁이 주식제 실행과 증시 상장을 통해 민간자본의 국유기업 투자를 허용하되 국유자산의 유실은 철저히 방지하겠다는 입장을 보이고 있다. 더욱이 혼합소유제 개혁이 단지 민간자본의 국유기업 지분 참여만을 의미하는 것이 아니라 국유자본의 민간기업 지분 참여도 의미한다는 점을 명기한 것을 주목할 필요가 있다. 말 그대로 혼합소유제를 확대하되 국유기업은 민영화가 아니라 혼합소유제 국유기업 체제를 구축하겠다는 것이다. 특히 중국 당국은 국유기업을 공익성 기업과 상업성 기업으로 나눈 뒤에 상업성 기업에 대해서만 혼합소유제 국유기업화를 강조하고 있고 공익성 국유기업에 대해서는 국유자본 단독의 국유기업 체제를 기본적으로 유지하겠다는 입장이다.

2015년 9월 24일 중국 중앙정부는 국유기업의 혼합소유제 개혁에 관해서만 집중적으로 제시하고 있한 문건인 〈국유기업의 혼합소유제 발전에 관한 국무원의 의견(國務院關於國有企業發展混合所有制經濟的意見)〉을 발표하여 각 업종별 국유기업 혼합소유제 개혁을 명확히 밝혔다. 우선 이 문건에서는 중요 업종과 핵심 분야의 상업성 국유기업은 보편적으로 혼합소유제 개혁을 모색할 것을 제시하였다. 단, 국가안보와 국민경제의 명맥과 관련된 핵심 업종에 속한 상업성 국유기업의 경우 혼합소유제를 도입하더라도 국유자본의 지배주주로서의 지위를 반드시 유지한다는 전제하에서만 민간기업의 지분 참여가 가능함을 명기하였다. 또한 자연독점 업종의 국유기업의 경우에는 국유 단독 자본 혹은 절대적인 지배주주로서의 지위를 유지하면서 업종의 특성에 따라 일부 경쟁성 업무를 민간기업이 운영하도록 허용하여 영리를 모색한다는 입장이다. 이에 반해 공익성 국유기업은 수도, 전력, 가스, 교통, 공공시설 등의 공공재 및 공공서비스 영역에서 조건부로 혼합소유제 개혁 전개를 규범화하도록 유도하고 있다.

대체로 방직의류, 농산품, 경공업, 일반 기계류 등 일반적인 시장경쟁 업종의 국유기업의 경우 민영화를 한다는 계획이지만, 다른 업종에서는 혼합소유제 개혁을 통해 기업지배구조를 개선하지만 궁극적으로는 국유기업의 존치와 가치 증대를 도모한다는 것이다. 다만 업종별로 보면 아래 〈표 4〉에처럼 국유기업에 대한 혼합소유제 개혁 방향은 보다 다양하다고 할 수 있다. 철강, 자동차, 화공, 전자, 조선 등 전략적 경쟁 업종은 국유자본의 지배주주 역할을 유지하는 범위 내에서 민간자본 및 해외자본의 투자 참여를 확대하는 데 반해, 전략적 자원 업종인 석유천연가스, 석탄, 비철금속 등의 분야 그리고 전자정보 및 통신 분야 및 금융 분야에서는 혼합소유제 개혁을 허용하되, 절대적인 지분을 국유자본이 주도적으로 확보하여 기업을 통제할 것이다. 교육, 의료 등 비영리 업종이나 신문, 출판 등 사회적으로 민감한 업종의 경우에도 국유지분의 절대적인 주도권을 인정하는 범위 내에서만 매우 부분적으로 민간자본의 참여를 허용할 여지가 다소 존재하지만 이는 매우 제한적일 것

표 4. 중국 국유기업의 전략적 방향[2]

	산업 유형	대표 업종	산업적 특징	국유경제 전략 목표
1	일반적 경쟁 업종	방직의류, 농산품, 경공업, 일반 기계	- 이윤 획득이 목표 - 진입장벽 낮음 - 경쟁이 치열	- 지분 투자로 전환 혹은 퇴출(민영화)
2	전략적 경쟁 업종	철강, 자동차, 화공, 전자, 조선 등	- 국내산업 보호 필요 - 진입장벽 높음 - 규모의 경제 필요 - 국가경제 발전 책임	- 국가가 일부 핵심기업의 지배주주 지위 유지 - 중간 수준 비중으로 혼합소유제
3	전략적 자원 업종	석유천연가스, 석탄, 비철금속 등	- 국가안보 산업 - 국민경제의 명맥 - 高투자 高이익	- 국가가 핵심기업의 지배주주 지위 - 국가 통제하의 혼합소유제
4	전략적 하이테크	항공우주, 핵 공업, 무기장비 등	- 국가의 전략적 기술수준 - 군사, 국방안보와 연관	- 거의 절대적인 통제
5	정부통제 독점 업종	통신, 전자정보 등	- 국가안보, 공공이익과 연관	- 국가주도 통제하의 혼합소유제
6	자연독점 업종	전력망, 철도, 우편, 항구, 공항 등	- 자연독점의 특성 - 단일기업 경영에 적합 - 경쟁 배제	- 절대적인 통제하의 혼합소유제 미미
7	공공사업	수도, 난방, 가스 등	- 자연독점의 특성 - 보편적인 공급 의무 - 공익성이 아주 높음	- 절대적인 통제하의 혼합소유제 미미
8	비영리 업종	교육, 의료 등	- 공익성 높은 민생문제	- 국가지분 높은 비중 유지(혼합소유제)
9	민감 업종	신문출판업	- 정치사회적 안정에 영향	- 국가지분 높은 비중 유지(혼합소유제)
10	高리스크 업종	금융 등	- 국가안보와 관련 - 국민경제의 명맥 - 위험도가 높음	- 국가주도 통제하의 혼합소유제
11	특수 업종	인쇄 및 화폐제조, 특수 약품 생산공급	- 업종이 특수한 분야	- 절대적인 통제

이다. 항공, 우주산업과 같은 전략적 하이테크 산업, 전력망, 철도, 우편, 항구, 공항 등 이른바 자연독점 업종, 수도, 가스, 난방 등 공공사업 분야 그리고 인쇄 및 화폐제조, 특수약품 생산·공급 분야 등에서는 기본적으로 국유자본이 절대적으로 통제하는 기존의 체제를 유지할 가능성이 매우 높다.

결국 국유기업의 혼합소유제 개혁은 오히려 전면적인 탈(脫)국유화 방식의 민영화를 억제하면서 국유 부문의 경쟁력을 향상시키기 위한 조치이기도 하다. 혼합소유제 국유기업이 재산권의 경계를 분명히 하는 법인화를 통해 국유기업에 대한 대대적인 민영화를 억제하는 기본적인 제도적 장치를 마련한 셈이기 때문이다. 이러한 점에서 시진핑 시대의 국유기업 혼합소유제 개혁은 1990년대 중반 이래 확립된 국유기업 개혁의 기본 정책노선 즉 '조대방소'의 연장선상에 있다고도 할 수 있다. 이 역시 부분적으로 국유기업의 민영화를 실행하나 핵심 국유기업을 민간에 매각하는 전면적인 탈(脫)국유화를 배제하고 오히려 국유기업을 존치시키되 시장경쟁력을 구비한 국제적 기업으로 육성하는 발전노선이기 때문이다.

---

2 金培, 劉戒驕, 劉吉超, 盧文波 著, 『中國國有企業發展道路』(北京: 經濟管理出版社, 2013) p.86를 기반으로 2015년 〈국유기업의 혼합소유제 발전에 관한 국무원의 의견〉에 입각하여 정리하였다.

표 5. 전통적 공유제와 신(新)공유제의 비교

	전통적 공유제	신공유제
경제 체제	사회주의 계획경제	사회주의 시장경제
실현 방식	① 전민소유제 기업(전통적 국유기업): 전체 인민의 공동소유로 국가가 소유권 행사를 대행 ② 집체소유제 기업: 일부 인민의 공동소유로 지방정부가 소유권 행사를 대행	① 국유독자 기업: 국유자본 단독 투자 ② 혼합소유제 기업: 국유자본이 지배주주이거나 지분을 참여한 주식제 기업 ③ 국가의 투자 없이 대중이 지분을 갖고 있는 주식제 기업 ④ 공익성 기금이 운영하는 기업
기본 특징	- 계획당국의 생산단위로 독자적 경영권이 없으며 독립채산제가 아님 - 법인화와 주식제를 실행하지 않음	- 시장경제의 주체로서 독립채산제로 독자적 경영권을 가짐 - 법인화와 주식제를 실행

출처: 필자 정리

국유기업의 혼합소유제 개혁이 가지는 함의

이러한 측면에서 혼합소유제 개혁은 사유제(private ownership)의 확대가 아니라 신(新)공유제(new public ownership)의 제도화라는 해석이 가능하다. 신공유제 개념은 〈표 5〉와 같이 사유제가 아닌 공유제이지만 전통적 공유제와도 다르다는 측면에서 제시된 것인데,[3] 국유지분이 지배주주인 혼합소유제 국유기업은 신공유제 기업의 가장 대표적인 사례라고 할 수 있다.

---

3 厲以寧, "論新公有制企業", 『人民網』 2003. 9. 23; "厲以寧:混合所有制就是'新公有制'", 『廣州日報』 2006. 4. 30.

따라서 국유기업의 혼합소유제 개혁은 중국 사회주의의 기본 경제제도 즉 국유기업 중심의 공유제를 존치하면서 국유기업의 시장경쟁력을 강화하기 위한 개혁으로 볼 수 있다. 즉, 사회주의 시장경제를 공고화하는 것이다. 국유지분이 지배주주이거나 지분을 참여한 혼합소유제 국유기업은 신공유제 기업이면서도 시장경제의 주체로서 독립채산제로 독자적 경영권을 가진 주식제 기업 법인인 만큼 중국의 '사회주의 시장경제'의 골간이 되는 기업 형태로 해석될 수 있다. 물론 "중국은 전제주의와 자본주의와 사회주의가 결합된 기괴한 거대국가"라는 한 젊은 중국 지식인의 냉정한 평가는 '사회주의 시장경제'가 작동되는 오늘날 중국의 모순적 현실을 잘 묘사하고 있다. 하지만 향후 시장경쟁력을 가진 혼합소유제 국유기업들이 다수 등장하여 선순환적으로 작동한다면 '사회주의 시장경제'의 최적 상태를 구현할 수도 있지 않을까? ●

● 이홍규 | 중국사회과학원에서 법학 박사학위를 받았으며, 주요 연구영역은 중국의 정치경제, 민주화, 발전모델 등이다. 삼성경제연구소 연구원과 성균관대학교 동아시아지역연구소 책임연구원을 역임했으며, 현재 동서대학교 동아시아학과 교수와 중국연구센터 부소장으로 재직 중이다. 주요 저서로 『전리군과의 대화–중국의 사회주의, 자본주의, 민주주의』 등이 있다.

6장

중국의
강대국 외교(大國外交)

서정경 성균관대학교 성균중국연구소

개혁개방 이후 중국의 강대국 외교는 진화를 거듭했다. '평화와 발전의 시대'가 도래했다는 새로운 세계관을 기반으로 서구를 비롯한 전 세계에 문을 활짝 연 개혁개방은 중국외교에서 강대국 외교의 위상을 대폭 끌어올렸다. 주요 서구 선진국들로부터 자본과 투자, 노하우를 전수받는데 치중했던 중국의 강대국 외교는 40여 년이 흐른 오늘날 미국 및 서구 주요국들이 형성해온 기존 국제질서를 동요시키는 결과를 초래하고 있다. 시진핑 시기 '중국 특색의 강대국 외교(中國特色大國外交)'를 단순하게 한마디로 정리한다면, 과거 서구 강대국들을 중심으로, 그들의 이익구조를 반영해 만들어진 국제 정치경제 질서는 이제 한계를 드러냈으니 중국이 자신의 가치와 이념을 담아 새로운 형태의 국제질서를 유도해낼 것이며, 이로써 중국이 국제사회의 진보에 공헌한다는 선전포고에 다름 아니다.

중국이 말하는 강대국, 강대국 외교란

중국의 강대국 외교를 알아보려면 우선 중국에서 쓰이는 "따궈(大國)", 즉 대국의 개념부터 살펴볼 필요가 있다. 중국에서 "대국"이란 일반적으로 세계를 제패한 패권국 또는 초강대국뿐 아니라 국제사회에서 중요한 위치를 차지하는 강대국을 포괄하는 넓은 개념이다. 이 사례로는 중국사회에 크게 유행했던 중국 관영 중앙텔레비전(CCTV)의 "대국굴기(大國崛起)" 프로그램을 들 수 있다. 여기에서 포르투갈, 스페인, 영국과 오늘날 미국 등 세계를 제패한 세계 패권국을 포함하여 프랑스, 독일, 러시아, 일본 등 총 9개 강대국들을 모두 "대국"이라 칭했다. 즉 중국이 말하는 대국이란 사실상 우리말의 '강대국'에 가장 부합하는 개념이다.

1949년 출범한 신중국의 강대국 외교(大國外交)는 원래 강대국을 대상으로 한 외교를 말하는 것이었다. 중국이 강대국들과 어떠한 관계를 맺고 정책을 시행할 것인지에 대한 국가의 공식적 행위를 의미하는 개념이었다. 이는 시기별로 그 개념이 확장되어왔다. 1949년 중화인민공화국 성립 이후 1990년대 중후반 동아시아 금융위기 이전까지의 중국의 강대국 외교는 주로 국제사회의 강대국을 대상으로 중국이 어떻게 행동하며 어떠한 관계를 맺을지에 대한 전략적 사고를 반영한 것이었다. 그러다가 동아시아 금융위기 이후 강대국 외교에 강대국으로서의 중국 자신의 외교라는 의미가 포함되기 시작했다.

구체적으로 살펴보면 시기별로 다음과 같이 분석할 수 있다. 우선 1949년 탄생한 신중국의 강대국 외교는 스스로가 강대국에 비해 약하다는 기본 관념 속에서 당시 국제사회의 강대국을 대상으로 한 것이었다. 중국은 당시 양대 진영론적 세계관 속에서 사회주의 진영의 리더 소련을 대상으로 "일변도(一邊倒)" 정책을 전개했다. 자유주의 진영의 리더 미국에 대해서는 반제국주의를 주창하며 저항했다. 삼개 세계론적 세계관 시기에는 미국을 패권주의로, 소련을 수정주의로 규정하며 두 강대국에 동시 저항했다. 상대적으로 약한 제3세계를 끌어안으며 강대국들에게 대항하는 통일전선을 전개한 것이다.

이후 1970년대 후반 개혁개방을 추진하면서 중국의 강대국 외교는 주로 서구 선진국들을 대상으로 그들의 자본과 노하우를 획득하는 데 치중했다. 따라서 이전에 주력하던 제3세계나 아프리카 등지에 대한 외교적 관심은 하락했다. 이처럼 강대국을 대상으로 대외정책을 전개하면서 중국은 자신이 선진국보다 약세인 개도국이라는 정체성을 기반으로 강대국의 간섭을 배제하기 위한 '독립 자주 원칙'을 제시했다. 이 시기까지의 중국의 강대국 외교는 대체로 자국의 상대적 열세와 국력의 취약성을 인식하는 가운데 자국보다 강한 상대국을 대상으로 어떻게 행위할지를 구상한 것이었다.

후진타오 집권기에 접어들며 중국의 외교는 자체적인 체계화를 이룬다. 중국의 외교가 강대국, 주변국, 개도국 그리고 다자무대라는 네 가지 층위로 나뉘었고, 각각의 우선순위와 특징에 맞게 규정되었다. 즉 강대국과의 관계는 "국가 간 외교에서 전쟁과 평화 등 매우 핵심적인 문제들을 결정하고 좌우하는 관건(大國是關鍵)"이라 규정되었다. 주변국과의 관계는 "외교를 추진하는 데 있어 우선순위(周邊是首要)"라고 보았다. 개도국과의 관계는 "외교의 기반(發展中國家是基礎)"이며, 다자관계는 "외교의 중요한 무대(多邊是重要舞台)"라고 설정되었다. 이러한 4개 층위의 중국 외교는 이후 제18차 중국공산당 전국대표대회에서 공공외교(公共外交是補充)가 추가된 5개의 층위로 확대되었다.

이중 강대국 외교는 줄곧 가장 우선적으로 거론되며 중국외교 전체 구도에서 중요한 위치에 자리해왔다. 시진핑 취임 이후 미국을 대상으로 제시되었던 "새로운 형태의 강대국관계(新型大國關系)"는 18차 전국대표대회에서 그 적용 대상이 강대국 전체 즉 중·미, 중·러, 중·인, 중·유럽, 중·일 관계로 확대되었다. 이중 가장 중요한 양자관계는 중미관계다. 즉 중국의 강대국 외교의 가장 핵심적 위치에는 대미외교가 자리한다.

강대국 대상 외교의 핵심, 대미외교 [1]

중국은 신중국 건국 바로 다음해에 미국과 한반도에서 무력 충돌했고, 냉전 시기 미국과 이데올로기의 대립을 겪었다. 1960년대 분쟁 이후 1970년대 데탕트에 편승하여 중국은 미국과 1979년 전격 수교했으며, 이와 동시에 덩샤오핑은 전면적인 개혁개방 노선을 추진하며 서구 중심적 국제사회에 참여하게 되었다.

소련의 붕괴 이후 미국은 자국에 대항할 잠재적 적국 중 하나로

---

1 이 부분은 서정경, "중미관계,"『차이나핸드북』 2018의 내용을 수정·보완한 것임을 밝힌다.

중국을 꼽았다. 한편으로는 중국의 경제성장을 촉진하고 미국 중심적 국제사회에 안착시키기 위한 개입과 확대(engagement & enlargement) 노선을 표방하면서, 다른 한편으로는 사회주의 중국의 급속한 성장을 경계했다. 그리고 1990년대 중반 미국과 일본이 주도적으로 제기한 "중국위협론"이 자국의 안정적 성장을 저해한다고 여긴 중국은 "평화부상론"을 제창하며 미중관계 구도를 안정화시키고자 노력했다.

미중 관계의 역사를 보면, 주로 미국이 중국의 인권문제와 최혜국(MFN) 대우 연계, 대만문제, 무역불균형, 인민폐 환율 등 중국에 공세를 가하면 이에 대해 중국이 방어하는 패턴이 반복돼왔다. 미국 중심적 국제질서 속에서 중국이 도광양회(韜光養晦)하며 국력을 키워온 것이다. 그러던 중국이 시진핑 시기 들어 처음으로 자국의 핵심이익 인정을 요구하는 '새로운 강대국 관계'를 미국에 주도적으로 제시했다. 이는 물론 중국의 국력 성장이 뒷받침되기에 가능한 것이며, 특히 시진핑 시기 '두 개의 백년'을 통한 '중화민족의 위대한 부흥'이라는 장기적 비전 속에서 이뤄진 것이다. 2008년 세계금융위기를 통해 미국의 한계를 체감한 중국은 미국과의 관계에서 보다 주도적이고 당당한 입장을 표출하기 시작했다.

지역강국을 넘어 세계강국을 지향하는 중국의 적극적이고 가시적인 움직임이 전개되면서 유라시아를 둘러싼 중국과 미국 간 지정학적 경쟁 국면이 재현되고 있다. 미국의 신실크로드 계획과 아시아 재균형 정책은 중앙아시아, 남아시아에 대한 자국의 기존 영향력을 복구하고 중국과 러시아를 견제하려는 것이었다. 오바마 정부는 일본을 중심으로 전 세계 동맹구도를 강화했으며, 동남아 국가와 태평양 연안국까지 참여하는 환태평양경제동반자협정(TPP)를 체결하며 중국을 견제했다. 중국 역시 주변국, 특히 러시아와의 관계를 강화하고, 상하이협력기구(SCO)를 통해 주변지역을 대상으로 안보협력구도를 형성했으며, 지정학적 요충지인 남중국해에 대한 영향력을 강화하면서 미국의 재균형 정책에 대응했다. 특히 주변 외교를 강대국 외교와 비슷한 수준으로 격상시키며 주변을 자신의 전략적 교두보로 만들려는 의도를 보여왔다. 이 외에도 일대일로, AIIB, 항저우 G20 회의, APEC 정상회담 등 국제회의를 자국에서 개최하고, 기후변화협약에서 전향적인 자세를 선보이면서 국제사회에서의 위상을 높였다. 이는 트럼프 시기 TPP와 기후변화협약에서 탈퇴하고 보호무역주의로 기우는 미국 그리고 유럽연맹에서 탈퇴한 영국 등 다른 서구 선진국과 대비되는 모습으로 비춰졌다. 현재 중국은 스스로를 자유무역의 제창자이자 선도자로 규정하고 국제적 저성장 시기에 전 세계 GDP 성장에 실제 기여하는 국가의 이미지와 영향력을 강화시키려 노력하고 있다.

시 정부는 미중관계 역사상 최초로 중국이 미국에게 자신의 요구사항인 "새로운 형태의 강대국관계(新型大國關係)"를 먼저 제시하고 이를 수용할 것을 촉구하는 능동성을 발휘했다. 이것은 그동안 미국의 반응에 주로 수세적으로 반응했던 중국이 시진핑 정부 들어서 강대국으로서의 자태를 미국에게 선보인 것이다. 이후 "새로운 형태의 국제관계"라는 더욱 큰 범주의 개념을 제시하면서 대미외교에 크게 개의치 않겠다는 대외적 시그널을 전파했다.

이러한 중국에 대한 미국의 경계심이 높아지는 추세다. 트럼프 행정부의 신국가안보전략(NSS)은 중국을 미국의 가치와 이익과는 상반되는 세계를 만들려는 수정주의 국가로 규정했다. 미국은 또한 중국의 잠재적 경쟁자인 인도를 견인하기 위해 인도-태평양 지역 구상을 검토하고 있다. 이런 미국을 상대로 자국의 스케줄대로 2050년까지 강대국의 반열에 들어가려는 "중국몽(中國夢)"을 실현하려는 중국의 외교가 시험대에 올랐다. 중국의 국력 성장을 이끈 개혁개방은 미국과의 관계 정상화와 동시에 시작된 것이었고, 개혁개방의 찬란한 성과는 미국 중심적 국제질서로의 안착이 있었기에 가능한 것이었음을 중국은 잘 알고 있다. 따라서 중국은 오늘날에 이르기까지 줄곧 미국과의 직접적 충돌이나 대항을 가능한 우회해왔고, 미국을 위시한 서구 중심적 국제사회 속에서 국력을 증대해왔다. 시진핑 2기 정부는 강대국화를 지속 추진하는 가운데 필요시 미국과 기 싸움을 벌이겠지만, 불필요한 마찰공간은 최대한 줄이고, 종국적으로 안정된 대미관계를 유지하는 데 주력할 것이다. 하지만 미국이 자국의 핵심이익을 건드릴 경우 강경하게 대응할 것이며, 그 어느 때보다도 높아진 대중의 기대수준과 강경여론도 정부 정책의 유연성으로 제약할 수 있다. 아울러 한계를 드러낸 국제질서의 틈새를 비집고 자신의 규범과 가치를 확대해나갈 것이기에 국제사회의 제도·규범·표준을 둘러싼 미중 간 경쟁은 향후 더욱 심화될 것으로 전망된다.

강대국 외교의 진화: '강대국 대상 외교'에서 '강대국의 외교'로 확장

1990년대 중후반 동아시아 금융위기의 발발은 중국의 강대국 외교에 의미 있는 변화를 초래했다. 즉 이 시기부터 중국의 강대국 외교 개념에는 단순히 강대국에 대한 것뿐 아니라 강대국으로서의 자신의 국제적 사고와 행위를 고민하는 내용들이 담기기 시작했다. 당시 중국은 서구의 중국위협론에 직면하여 불안정한 외부환경을 맞고 있었다. 이 시기 금융위기가 동아시아 국가들을 중심으로 발발했는데 이때 중국은 금융위기에 빠진 주변의 동아시아 국가들을 대상으로 인민폐를 평가절하하지 않았다. 그로 인해 주변국의 경제위기 극복에 도움을 주었다는 전반적인 호평과 찬사를 얻었다. 이때 중국은 주변국의 인정 및 주변국과의 관계 강화가 서구의 중국위협론을 불식시키고 보다 평화롭고 안정적인 주변 환경을 조성하는 데 도움이 된다는 사실을 새롭게 인식하게 되었다.

이 시기 중국은 자국 역사상 처음으로 스스로를 "책임 있는 강대국(負責任的大國)"이라 칭했다. 그러면서 동아시아 지역에 대한 자신의 책임과 공헌을 논하기 시작했다. 강대국의 지리적 범주는 우선 동아시아로 상정하고 역내 책임 있는 강대국 모습을 지향하기 시작한 것이다. 당시 출간된 많은 중국 문헌들은 강대국인 중국이 국제사회에 어떻게 다가가야 하고 어떠한 역할을 해야 하며 어떠한 방향으로 나아가야 하는지에 대한 다양한 논의들을 담고 있다. 이는 또한 서구 학자들의 관련 연구를 촉발시켰다. 사실상 이 시기 국제사회에 능동적으로 제시된 중국의 "화평굴기", "화평발전" 등의 개념은 모두 중국이 강대국으로 부상하는 자신을 국제사회에 이해시키려는 외교적 노력이었다. 그럼에도 불구하고 이 시기 중국의 "강대국의 외교"는 초기단계로서 여전히 서구사회의 중국 위협론에 피동적으로 대응하여 생성된 성격을 갖고 있었으며 적극성은 다소 결여된 상태로 평가할 수 있다. 또한 이 시기 중국의 정체성이 완전히 강대국으로 변환된 것은 아니다. 중국은 여전히 개도국과 강대국 두 가지 정체성을 가졌던 것으로 평가하는 것이 타당하다.

중국의 강대국 외교는 2008년의 미국발 금융위기로 새로운 변화의 계기를 마련했다. 이때부터 중국의 강대국 외교, 특히 "강대국의 외교"는 보다 적극적이고 능동적인 성격을 띠게 되었다. 공정한 국제질서 추구, 기존 시스템 보완이라는 명분 아래 중국은 미국이 주도하는 자유주의 국제경제 질서의 한계와 빈틈을 공략하고 이를 재편하려는 적극적인 인식과 움직임을 선보이기 시작했기 때문이다. 강대국 정체성 또한 더욱 안정되고 강화되는 추세를 보였다.

즉 중국은 국력의 증대에 더해 국제사회의 중요한 정세변환기를 맞이하여 자국의 강대국 외교를 변화시켜왔다. 스스로를 강대국으로 여기는 강대국 정체성이 점차 형성되기 시작하면서 강대국으로서 자신이 국제사회에서 어떻게 행위해야 하고 다른 국가들과 어떻게 관계를 맺어야 하는지에 대한 전략적 사고가 중국의 강대국 외교의 중요한 부분을 차지하게 되었다.

'중국 특색의 강대국 외교(有中國特色的大國外交)'의 출현과 의미

시진핑 집권 이후 중국의 강대국 외교는 '중국 특색의 강대국 외교'라는 이름 아래 과거와는 구분되는 새로운 단계로 진입했다. 이는 시 정부 출범 후 약 100일째 되는 시기에 개최된 평화포럼에서 왕이 외교부장이 시 정부의 대외정책으로 공식 제시한 것이다. 시 주석은 취임과 동시에 '중화민족의 위대한 부흥' 즉 중국몽을 국가의 비전으로 공식 채택하고 이것의 실현을 위한 두 개의 백년을 제시했다. 즉 중국은 장기적으로 중화민족의 위대한 부흥을 위한 두 개의 백년 로드맵을 밟아나가는 과정에서 자신의 특색이 가미된 새로운 형태의 강대국 외교를 전개하겠다는 것이다.

강대국 외교의 두 번째 의미, 즉 자신을 강대국으로 상정하거나 혹은 강대국으로 확고히 성장하기 위하여 전개하는 외교라는 의미에서의 강대국 외교의 첫 번째 특징은 중국이 과거와는 구별되는 새로운 이념, 과거보다 더 넓은 국제적 시야, 그리고 그 속에서 동방의 문명대국이자 중국공산당이 통치하는 국가로서 공산당의 핵심가치를 자신의 외교에 반영시키려 한다는 점이다.

시 주석은 특히 국제사회에서의 중국의 담론력(話語權) 강화를 중시했다. 중국의 스토리를 잘 얘기해야 하고, 중국의 목소리를 잘 전달해야 하고, 국제무대에서의 담론력을 강화해야 한다는 것이었다. 시진핑 집권 1기 중국은 한때 주변 외교의 위상을 강대국 대상 외교 수준으로 격상시키며 주변국 관계에 공을 들였다. 주변국을 끌어들이기 위해 "운명공동체(命運共同體)", "친(親), 성(誠), 혜(惠), 용(容)"이라는 유교적 개념과 담론을 새로 제시했고, 중국과의 상호 공존과 원원을 강조했다. 또한 일대일로, AIIB, 해양강국을 적극 추진하면서 강대국으로서의 역량을 넓혀나갔다. 특히 전 세계를 대상으로 한 일대일로는 미국의 마샬정책 같은 지정학적 의도나 대외확장과는 차원이 다른 것이라고 역설했다. 이외에도 항저우 G20 등 홈그라운드 외교의 성공을 미국의 신고립주의, 브렉시트 등 서구 리더십의 한계와 대비시키며 자신의 강대국 면모를 과시했다. 2014년 외사공작회의에서 '주변국과 운명공동체 구축'을 가장 우선순위에 두었던 중국이 4년 후 2018년에는 '인류운명공동체' 구축과 글로벌 거버넌스 개혁을 1순위로 상정했다. 시진핑 2기 정부가 '운명공동체'를 '인류운명공동체'로 확대시킨 것은 중국이 강대국으로서 자신의 역량과 범주를 더욱 확대한 것으로 평가할 수 있다.

중국은 자신의 강대국 외교에 "중국 특색"이란 의미를 덧붙임으로써 사실상 과거 2차 세계대전 이후 서구를 중심으로 전개돼온 국제정세 및 강대국 외교 행태를 비판적으로 바라보는 시각을 드러냈다. 기존 강대국 외교의 한계와 문제점을 중국의 특색을 가미하여 극복하고 뛰어넘겠다는 야심찬 시도인 것이다. 이는 국제질서에서도 중국의 국제질서가 한계를 드러낸 미국식 국제질서를 대체하여 보편적 국제질서가 될 수 있다는 중국 내 새로운 담론 및 주장이 활발하게 전개되는 현상과 같은 맥락에서 전개되고 있다.

그러나 최근의 미중 무역전쟁 사례에서도 알 수 있듯, 중국의 그러한 시도는 기존 국제질서의 리더인 미국의 강력한 견제를 받고 있다. 트럼프 대통령을 필두로 한 미국 상하원의 대중 인식이 대체적으로 상당히 강경화되었다는 사실이다. 중국을 자유주의 국제 정치경제 질서에 끌어들임으로써 국제사회에서 더욱 책임 있는 국가로 유도해나가겠다는 미국의 과거 생각이 옳지 못했다는 자성과 비판적 인식이 미국사회에 팽배해 있다. 또한 중국의 강대국으로서의 새로운 인식과 역할 모색이 얼마나 국제사회의 보편적 지지와 인정을 받을 수 있을지도 미지수다. 이번 미중 무역 분쟁 과정에서 나타났듯, 다수의 미국 동맹국들은 트럼프 행정부에 대한 불만에도 불구하고 자유주의 국제질서를 수호하며 세계에 공헌한다는 중국의 논리에도 회의적이다. 대체적으로 중국의 말과 행동이 일치하지 않는다는 국제사회의 평가가 보편적으로 공유되고 있는 현실이다. 중국이 강대국 외교의 일환으로 근 5년간 야심차게 추진해온 일대일로에 대해 최근 서구 및 국제사회에서 연달아 부정적 평가와 전망이 나오는 것도 주목할 만하다. 기존 미국 중심적 국제질서를 대체하고 새롭고 보편적인 질서를 창출하며 종국적으로 중국몽을 실현하려는 중국의 강대국 외교는 현재 일정한 도전에 직면하고 있다. ●

● **서정경** | 베이징대학교에서 국제정치학 박사학위를 받았으며, 주요 연구영역은 미중 관계 및 중국의 대외정책이다. 연세대학교 동서문제연구원에서 책임연구원으로 근무했으며, 현재 성균관대학교 성균중국연구소에서 연구교수로 재직 중이다. 주요 논문으로 「시진핑 2기 정부의 외교 전망: 중국공산당 19차 전국대표대회 정치보고를 중심으로」 등이 있다.

CHINA

SOLUTION

경제·산업

7장

중국의 경제발전과 경제체제의 개혁

김시중 서강대학교 국제대학원

개혁개방 40년 기간에 중국의 거의 모든 부문에 큰 변화가 나타났지만, 그중에서도 경제 부문에서 가장 근본적인 변화가 나타났다는 점은 명백하다. 이는 중국이 개혁개방을 추진했던 기본 동기가 경제발전에 있었고, 다른 부문에 나타난 변화는 경제체제 개혁 혹은 경제발전의 결과물이거나 경제체제 개혁의 진전을 위해 추진된 해당 부문 개혁의 산물로 볼 수 있기 때문이다. 이 글에서는 개혁개방의 중심에 있는 중국경제가 그동안 어떻게 변화되어왔는지 정리해보고자 한다.

　　지난 40년에 걸쳐 나타난 중국경제의 변화는 "가난하고 폐쇄적이지만 상당히 평등한 사회주의 경제"에서 "적당히 풍요롭고 일정 수준 개방되었지만 불평등도가 높은 시장 기반의 경제"로 바뀐 것에 있다고 정리할 수 있다. 이 글은 이렇게 간략히 묘사된 변화를 보다 구체적으로 설명하는 것을 목표로 하는데, 보다 체계적인 설명을 하기 위하여 경제발전 측면의 변화와 경제체제 측면의 변화로 나누어 접근한다. 중국에서 경제발전과 경제체제 개혁은 상승 작용을 하며 진행되어왔지만, 경제발전이 목적이고 경제체제 개혁은 수단이라는 특성을 유지해왔다. 이런 특성을 염두에 두고, 지난 40년에 걸쳐 중국에 나타난 경제발전 측면의 변화와 경제체제 측면의 변화를 살펴보자.

괄목할 만한 경제발전과 그에 따른 변화

지난 40년의 개혁개방 기간에 중국이 달성한 경제발전의 결과 경제 규모가 크게 증대되어 명실상부한 경제 대국이 되었다. 중국의 경제 규모를 GDP로 평가해보면, 명목 GDP는 1978년의 3,679억 위안에서 2017년에 82조 7,122억 위안으로 225배 증가하였는데, 이중 물가상승에 기인한 증가분을 제외한 실질 GDP의 증가는 34.5배에 달한다. 40년에 걸쳐 나타난 이 실질 GDP의 증가를 연평균 증가율로 환산해보면 9.5%에 달하여 세계 최고 수준이다. 이 과정에서 중국의 경제 규모는 2010년에 일본을 추월하였고, 미국에 이어 세계 2위에 해당한다. 공식 환율 대신 구매력평가(PPP) 환율을 적용하여 각국의 GDP 규모를 추정해보면 이미 중국이 세계 최대의 경제 규모를 갖는 것으로 평가된다. 이렇게 중국의 경제 규모가 커짐에 따라 정부 재정의 규모도 커졌고 이 결과 군비 지출을 통한 군사력 증대나 우주 개발의 진전 등 대국으로서의 면모를 갖추는 것이 가능해졌다. 국제경제 측면에서 중국이 대국이 되었다는 것은 국제시장 및 외국경제에 대한 영향력이 커졌다는 것을 의미한다. 즉 중국의 특정 물품 수출입 물량이 크게 변할 경우 바로 국제시장 가격이 변화되고 해당 물품의 수출입 상대국 경제에도 큰 영향을 미칠 수 있게 되었다.

중국의 경제발전에 따른 두 번째 변화로 국민의 생활수준이 크게 향상되었다는 점을 들 수 있다. 한 나라 국민의 생활수준을 측정하는 기본적인 지표는 1인당 GDP인데, 중국의 1인당 GDP는 1978년의 385위안에서 2017년 59,660위안으로 명목 기준 155배 증가했고, 실질 기준으로는 23.8배 증가하여 연평균 8.4%씩 증가하였다. 중국의 2017년 1인당 GDP를 달러 가치로 환산해보면 약 8,800달러로 세계 70위 수준이고, 구매력평가 기준으로는 약 1만7천 달러에 달하지만 그 순위는 조금 하락한다. 한편 국민총소득 중 가계 부문에 분배된 몫인 가계소득의 증가율은 2000년대 중반까지는 1인당 GDP 증가율보다 낮았지만, 이후에는 더 높아지면서 가계에 귀속되는 경제성장의 과실이 커지고 있는 것으로 나타난다. 소득 통계 외에 1인당 육류 섭취량이나 주거 면적의 증가 및 냉장고, 세탁기 등 내구 소비재 보급률 증가와 같은 생활수준 개선을 뒷받침하는 물리적 증거도 다수 존재한다. 이 점이 개혁개방 이전과 가장 크게 달라진 것인데, 이전에는 경제성장률 자체도 그리 높지 않았지만, 국가 주도로 중공업을 육성하는 과정에서 국민 생활수준 향상은 극히 미미하였다. 한편 빈곤 축소에도 큰 성과를 거두었는데, 빈곤선 기준에 따라 차이가 있지만 3억 이상의 중국인이 개혁개방 기간에 절대빈곤 상태에서 벗어나게 된 것으로 보고된다. 다만 이 기간에 소득 및 부의 분배 불평등도가 뚜렷하게 증가한 것 역시 명백한데, 불평등의 확대는 부분적으로 시장화 개혁의 결과이지만 정부의 시장개입과 부패 등 시장 왜곡에 기인한 부분도 상당하다.

경제발전에 수반하여 중국의 경제구조도 큰 변화를 겪었다. 중국이 개혁개방을 시작한 1978년의 경제구조는 1차 산업의 비중이 매우 높고 서비스업의 비중이 매우 낮은 것을 특징으로 하였다. 이는 고용구조에서 1, 2, 3차 산업의 비중이 각각 71%, 17%, 12%였다는 것에서 잘 드러나고, 경상가격으로 평가한 1, 2, 3차 산업의 GDP 비중은 28%, 48%, 24%로 나타나지만, 이는 농산물 가격이 저평가되고 공산품 가격이 고평가된 당시의 왜곡된 상대가격 구조에 기인한 결과로 실상과 괴리된 통계다. 이 상대가격의 왜곡을 보정하여 새롭게 추정한 42%, 29%, 29%가 당시의 실제 산업구조에 근사한 것으로 보인다.[1] 개혁개방 기간에 나타난 중국 경제구조의 변화는 대략 세 단계를 거치며 진행되었는데, 초기에 규제가 완화된 서비스업의 확대가 두드러지다가 1991년 이후 제조업의 급성장에 따라 2차 산업의 비중이 높아진 단계를 거쳐 2010년 이후 다시 서비스업의 성장이 두드러지고 있다. 이런 변화를 거친 결과 2016년 GDP의 산업별 비중이 8.6%, 39.8%, 51.6%로, 고용의 산업별 비중이 27.7% 28.8% 43.5%로 나타났다. 즉 중국도 다른 나라들의 경제발전 과정에서 나타난 것과 유사한 구조 변화 곧 경제발전 과정에서 농촌 잉여 노동력이 일단 공업 부문으로 흡수되면서 공업화가 진전되고 다음 단계에는 서비스업이 성장을 주도하며 그 비중이 커지는 이른바 탈공업화로

---

1 Barry Naughton, *The Chinese Economy: Transitions and Growth*, 2007, MIT Press, pp. 154-155.

이어지는 과정을 거치고 있는데, 현재는 탈공업화의 초기 단계에 해당한다고 보인다.

경제발전에 수반된 네 번째 변화로 기술 수준의 향상을 들 수 있다. 개혁개방 이전 중국은 전략적으로 개발한 군사 분야 이외의 기술에 있어 매우 낙후된 상태였다. 대부분의 산업에서 1950년대 소련에서 도입하였거나 국민당 정권 시절부터 사용하던 낡은 기술을 개량한 수준에 머물렀다. 개혁개방 시기에는 다양한 통로를 통해 산업기술 수준이 향상되었는데, 특히 수출 확대를 위한 설비 수입과 외국인직접투자 유치가 기술 획득의 주요 통로로 작용하였다. 이 과정에서 중국은 규모가 큰 내수시장을 기술 획득을 위한 협상의 지렛대로 활용하는 전략을 효과적으로 사용하였다. 2000년대 이후에는 '자주창신(自主創新)'을 내세우며 독자적 기술 개발을 본격 추진해왔는데, 이 과정에서 R&D 지출이 뚜렷하게 증가하여 2015년에는 선진국들의 평균이라고 하는 GDP 2%를 상회하게 되었다. 최근에는 풍부한 보유 외환을 이용한 해외 기업의 인수합병을 통한 첨단기술 획득이 새로운 통로로 추가되었다. 다만 중국의 기술 수준이 향상되어가는 과정에서 외국 기술의 도용 및 탈취, 현지 진출 외국기업에 대한 기술이전 강요 등의 문제가 발생하기도 하였다. 한편 기술은 지속적인 경제성장을 가능하게 하는 핵심 요소로서 중국의 경제발전 단계가 높아질수록 그 중요성은 더 커질 것이다.

경제체제 개혁의 진전

개혁개방 이전의 중국은 다소 독특한 분권화된 사회주의 계획경제 체제를 운영하였다. 소련식 중앙 집권형 계획경제 체제에 비해서는 중앙계획에 포함된 생산 및 분배의 범위가 작았고 중앙계획에 포함되지 않는 자원은 주로 지방정부에 의해 배분되었다. 시장 거래는 농촌에서 제한된 품목에 한해 소규모로 허용되었을 뿐 일반적으로는 금지되었다. 토지와 물적 자본의 사적 소유는 금지되었고 국유와 집체소유만 허용되었는데, 농산물은 대부분 집체소유 조직인 인민공사 산하의 집단농장에 의해 생산되었고, 상공업 생산은 대부분 국유기업에 의해 이루어지고 집체기업이 보조 역할을 수행하였다. 호구제(戶口制)와 배급제를 기반으로 농촌과 도시를 제도적으로 분리하는 도농 이원구조가 정착되어 인구 이동이 엄격하게 통제되었다. 마오 사상에 근거하여 물질적 인센티브 사용이 배척되어 임금 격차는 미미하였고 도시 주민에 한해 국가가 일자리를 배정해주고 소속 단위를 통해 주택 등 기초적 복지 혜택을 제공하였다. 이러한 경직적인 경제체제는 중공업을 우선 발전시키는 무모한 경제발전 전략과 결합하여 막대한 자원 낭비와 심각한 비효율을 초래하고 있었다.

1978년 당시 새로운 지도자로 떠오른 덩샤오핑을 비롯한 새 지도부는 이러한 문제의 심각성을 인식하고 자신들 통치의 정당성 확보는 물론 공산당 통치의 지속을 위해서도 경제발전과 이를 통한 국민 생활 수준 개선이 필수적이라고 판단하였다. 당시 중국의 경제발전을 위해서는 기존 경제체제의 개혁이 필수적이었지만 벤치마크의 대상이 전혀 없었기 때문에 어떻게 개혁을 추진해가야 할지 또 궁극적으로 어떤 경제체제를 목표로 해야 할지 등에 대한 답이 없는 상태에서 '돌다리를 한 걸음씩 건너가는' 방식의 개혁을 추진해갔다.

중국의 초기 경제개혁은 개별 생산조직의 효율성을 개선하는 데에 초점을 두며, '방권양리(放權讓利)' 곧 개별 생산조직에 대한 통제를 완화하고 물질적 인센티브를 부여하는 조치들이 실시되었다. 이런 초기 개혁 조치들이 농촌을 중심으로 큰 성과를 거두면서 전반적으로 시장의 역할과 범위를 확대하는 개혁이 진전되어갔다. 이에 따라 1980년대 중반 이후 시장과 국가계획이 병존하는 '이중체제(중국식 표현은 雙軌制)' 단계를 거쳐, 1993년에는 시장경제를 공식 수용하기에 이르렀다. 즉 중국은 '사회주의 시장경제'를 개혁의 목표 모형으로 제시하면서, 이 체제는 "국가의 거시적 통제하에서 시장이 기본적인 자원배분 역할을 하며", "공유제를 중심으로 다양한 소유제의 공동 발전을 도모"하는 것으로 규정하며 자본주의 시장경제와 구별하였다. 이후 2000년대 초반까지 중국은 이 목표에 걸맞게 생산물 시장은 물론 노동 자본 토지 등 생산요소 시장에 이르기까지 시장의 역할을 확대하며 정부의 개입을 줄이는 방향으로 개혁을 실시하였다.

이러한 시장 기능의 확대는 곧 경제활동 자유의 확대를 수반하였다. 식량 등 기본 소비재의 배급제는 폐지되고 소비자가 시장에서 자유롭게 구매할 수 있게 되었고, 국가가 직장을 배정해주지 않고 구직자와 구인 업체가 노동시장을 통해 취업을 결정하는 방식으로 변화되었다. 또한 소규모 자영업 허용에서 시작하여 점진적으로 일정 규모 이상의 사영기업의 설립을 허용하는 방향으로 진전하였고, 호구제를 유지하면서도 노동력의 자유로운 이동을 확대하는 변화가 나타났다. 사영기업이나 외국인투자 기업은 물론 국유기업도 종업원의 재배치나 정리해고가 가능하도록 고용의 유연성을 증대시켰고, 나아가 '조대방소(抓大放小)'라는 명목으로 중소형 국유기업의 민영화도 허용하였다. 또한 단위를 통한 복리주택 제공을 금지하고 주택을 상품화하는 조치도 실시되었다.

이러한 시장화의 진전과 더불어 보다 명확한 재산권의 규정과 보호를 위한 법과 제도가 갖추어졌다. 사영기업을 합법화함으로써 물적 자본의 사적 소유와 자산소득을 허용하였고, 외국 투자자들의 재산권 보호를 위한 법적 장치들도 도입되었다. 토지의 공유제를 유지하되 소유권과 분리된 토지 사용권을 도입하여 그 권리를 명확히 하고 거래도 허용하였다. 2007년에는 물권법을 제정하여 일반적인 재산권 보호를 위한 제도적 장치를 확립하였다. 이와 같이 재산권을 명확히 규정하고 보호하는 제도적 장치의 개선은 기업가 정신(entrepreneurship)의 발현을 통한 창업 활성화와 민간 투자의 증대를 통하여 경제성장에 기여했는데, 대표적인 사례로 알리바바와 텐센트의 등장을 들 수 있다.

한편 중국이 '개혁개방'이라는 용어를 사용하는 것에서 드러나듯이 경제체제 개혁은 대외개방과 밀접히 연계되어 진행되었다. 중국은 아편전쟁 이후 외부로부터 강요된 개방의 굴욕과 부작용을 경험하였기 때문에 매우 조심스럽게 대외개방을 진행해갔다. 초기에는 네 곳의 경제특구를 지정하여 제한된 범위에서 대외개방을 실험한 후 점차 지역적으로 또한 내용적으로 대외개방을 확대해갔다. 1984년에 IMF와 세계은행에 가입하여 기존 국제질서에 참여하기 시작한 후 1986년에는 당시 국제무역 질서를 관장하던 GATT 복귀를 신청하였으나 여러 이유로 실현되지 못하다 오랜 협상을 거쳐 2001년에 GATT를 대체하여 출범한 WTO에 가입하였다. 중국의 WTO 가입은 대외개방 과정의 정점에 해당하는 사건으로서 수출 및 외국인직접투자 유치에 크게 기여했을 뿐 아니라 개방을 통한 경쟁을 유도하여 국내 기업의 효율성을 높이는 효과도 가져왔다. 중국이 WTO 가입 협상에서 약속한 시장개방은 협약에 따라 가입 후 5년에 걸쳐 실행되었지만, 그 이후의 추가 개방은 외부의 기대에 못 미치고 있다.

위와 같이 명확한 방향성을 갖고 진행되던 중국의 경제체제 개혁은 2000년대 중반 이후 그 동력이 약화되며 정체기로 접어든다. 이런 변화의 배경은 1990년대 후반 국유기업 및 금융 부문의 부실과 실업 증가라는 엄혹한 상황을 맞아 고통이 따르는 개혁개방 조치들을 수용하였지만 2002년 이후 수출과 투자가 급증하며 고속성장을 누리면서 개혁의 절박성이 줄어든 요소가 있다. 또한 소득 불평등 확대, 환경오염 악화 등 고속성장 및 개혁의 부작용이 증가하면서 시장화 개혁의 동력이 약화되었다. 개혁의 정체 내지 후퇴를 상징적으로 보여주는 것이 이른바 '국진민퇴(國進民退)' 곧 국유기업 부문이 확대되고 민영기업 부문이 위축되는 새로운 현상의 등장이다. 즉 개혁개방 이후 위축되던 국유기업들이 개혁을 통해 다소 개선된 효율성과 급속히 확대되는 내수 시장에서의 독과점을 바탕으로 급성장하였는데, 국유기업이 금융시장을 통한 자금 확보에서 민영기업에 비해 우위를 보이면서 자금난에 빠진 민영기업들을 인수하는 사례도 다수 나타났다.

나아가 이 시기에는 중국의 개혁개방이 점진적으로 자본주의 시장경제로 이행해가는 것이 아니라 독자적인 제3의 모형을 만들어 가고 있다는 주장이 확산되었다. '베이징 컨센서스' 혹은 '중국 모델' 등 다양한 이름으로 그동안 중국경제가 성취한 성과를 근거로 중국 특유의 경제체제가 수립되고 있다는 주장인데, 한 걸음 더 나아가 중국의 체제 모형이 다른 나라에도 적용될 수 있을 것이라는 주장으로까지 나가기도 한다. 이런 주장은 2008년 글로벌 금융 위기 발생 이후 특히 시진핑 집권 이후 중국 내에서 득세하는 듯하며, 이 결과 국유기업 개혁이나 금융 개혁 등 핵심 부문 개혁의 방향이 모호해지는 경향이 있다. 이 주장의 타당성에 대해서는 중국 내외에서 다양한 차원과 다양한 수준의 논쟁이 전개되고 있다.

　　지난 40년에 걸친 체제 개혁이 누적된 결과 오늘날 중국은 95% 이상의 가격이 시장에서 결정되며, GDP와 총투자의 60% 이상, 총 고용의 80% 이상을 민간 부문이 담당하고 있다. 또한 중국은 세계 1위의 상품 수출국이자 2위의 상품 수입국이며 외국인직접투자 및 대외직접투자에 있어 모두 세계 최상위권에 있다. 즉 양적 측면에서 보면 중국은 개방화된 시장경제로 분류될 수 있다. 다만 국유기업이 에너지, 금융, 통신, 철강 등 핵심 산업을 장악하고 있으며, 금융시장에 대한 정부의 통제가 높고 정부가 보조금이나 행정규제 등을 통해 수출입이나 국제투자에 영향력을 행사하고 있다는 점에 비추어 보면 전형적인 시장경제와는 구별되는 체제로 볼 수 있다.

중국경제가 직면하고 있는 도전

중국은 나름 성공적으로 경제발전과 경제체제 개혁의 진전을 이루어왔지만, 오늘날 이 두 측면 모두에서 심각한 도전에 직면해 있는 것으로 보인다. 중국의 경제적 성과가 정점에 달했던 것은 2008년 하반기에 미국에서 금융 위기가 발생하고 그 충격으로 2009년에 세계 대부분의 국가가 마이너스 성장을 기록한 시기였다. 당시 중국은 정부 주도의 대규모 경기부양을 통해 외부 충격에 대응하여 2009년 9.2%, 2010년 10.6%의 높은 성장률을 기록하면서 경제 규모에서 일본을 추월하였다. 당시의 이러한 중국경제의 고성장은 세계경제의 급속한 침체를 방어하는 데 일정하게 기여하였다.

그러나 2010년 이후 중국의 성장률은 뚜렷한 하락세를 나타내며 2015년부터는 매년 6%대의 성장률을 기록하고 있다. 근년에 나타난 6%대의 성장률은 개혁개방 기간의 연평균 성장률에 비해 3%포인트 이상 하락한 것이다. 이런 성장률 하락의 핵심 원인은 투자와 수출을 늘려 고속성장을 달성하던 2000년대의 방식이 유효하지 않게 되었다는 사실에 있다. 우선 주요 수출대상국인 선진국들 대부분이 저성장을 지속하는 상황에서 중국이 수출을 계속 늘려나가는 것은 어려운 일인데, 특히 최대 수출대상국인 미국이 관세 부과 등을 통해 중국으로부터의 수입을 억제하고 중국의 부상을 본격적으로 견제하는 현 상황에서 수출이 성장을 견인하는 것은 불가능하다. 또한 2009-2010년에 실시한 무리한 경기부양의 부작용으로 다수의 산업에서 과잉 설비와 과잉 재고의 문제가 심각한 수준에 이르렀기 때문에 지속적인 투자 증가도 어려워졌다. 더욱이 과잉 투자와 과잉 재고의 문제는 금융 측면의 과잉 부채와 밀접히 연계되어 있기 때문에 부채 증가를 통한 투자 증가는 금융위기로 이어질 위험이 크다.

결국 중국은 지속적인 경제성장을 위한 새로운 동력을 찾아내야 하는 과제를 안고 있는 셈이다. 일부 학자는 중국이 처한 이러한 상황을 '중진국 함정'이라는 개념으로 설명하기도 하는데, 이 개념은 다수의 저개발국들이 경제발전의 초기 단계에 고속성장을 달성하다가 중진국 수준에 도달한 이후 성장의 동력을 상실하고 선진국 진입에 실패했다는 관찰에 근거한 것이다. 이 문제에 대한 여러 연구에 따르면 향후 중국이 중진국 함정에 빠지지 않고 경제성장을 지속하여 선진국 수준에 진입하기 위해서는 이른바 총요소생산성의 향상 곧 경제 전반의 효율성 개선이 핵심 과제가 된다. 그런데 중국경제 전반의 효율성 개선은 체제 개혁과 밀접히 연계된 문제다. 즉 중국경제의 전반적인 효율성을 향상시키기 위해서는 핵심적인 저효율 부문 곧 여전히 연성예산 제약하에 있는 국유기업 부문과 정부의 통제하에서 효율적 자금 배분에 실패하고 있는 금융부문의 개혁이 필수적이다. 그러나 중국이 이 두 핵심 부문에 대한 개혁을 오래 추진해왔지만 사회주의 이념 및 경제에 대한 정부의 통제 유지 등의 이유로 근본적으로 개혁하지 못했고 뚜렷한 성과 역시 거두지 못했다. 과연 향후에 중국이 어떤 방식으로 국유기업 및 금융 부문에 대한 개혁을 실시해서 이를 통해 경제 전반의 효율성을 개선해나갈 수 있을지 지켜볼 일이다. ●

● **김시중** | 브라운대학교에서 경제학 박사학위를 받았으며, 주요 연구영역은 중국의 체제개혁과 경제발전의 관계이다. 대외경제정책연구원 연구위원과 영남대학교 경제금융학부 교수를 거쳐 현재 서강대학교 국제대학원 교수로 재직 중이다. 주요 논문으로 「중국의 경제 발전 방식 전환의 진전도 평가」 등이 있다.

8장

계획금융과
시장금융의 공존

서봉교 동덕여자대학교 중어중국학과

개혁개방 이후 지난 40년, 중국은 금융 부문에서도 놀라운 성과를 이루었다. 중국 은행들의 자산규모는 이미 세계 최고 수준으로 성장하여 글로벌 TOP 10에 중국 은행 4개가 상위권을 차지하고 있다. 중국 주식시장은 2017년 선진국에서 전 세계를 대상으로 투자할 때 중요한 기준이 되는 MSCI(Morgan Stanley Capital Internation Index) 지수에 편입될 만큼 글로벌 투자자들의 관심을 받고 있다. 중국의 위안화도 2015년 IMF의 특별인출권(SDR)에 편입되어 세계 3위의 국제통화로 인정받게 되었다.

하지만 여전히 많은 언론에서 중국 금융시스템은 매우 낙후되어 있고, 숨겨진 부실이 많기 때문에 언제 터질지 모르는 시한폭탄으로 묘사되고 있다. 중국 자본의 해외 도피와 위안화 가치 급락 같은 기사를 접하면 중국에서도 금융위기가 곧 발생할 것처럼 느껴지기도 한다.

실물경제성장을 견인하는 금융 부문의 효율성 개선

그렇다면 지난 40년간 중국 금융 부문에서는 정말 어떤 일이 있었던 것일까? 현상적으로 보면 지난 40년간 중국의 실물경제는 연평균 성장률 9.5%의 놀라운 성장을 지속하였다. 그리고 이제 중국은 GDP 규모로 미국에 근접하는 세계 2위의 경제대국으로 성장하였다.

실물경제의 자금 조달을 중개하여 경제성장을 견인하는 소위 '혈액'의 역할을 담당하는 부문이 금융이다. 그렇다면 중국의 금융 부문이 지난 40년간 매우 효율적으로 전환되었기 때문에 이런 실물경제의 놀라운 성장이 가능했던 것인가? 이 질문에 대답하기 위해서 지난 40년간 중국 금융 부문의 변화가 가지는 특징을 살펴보아야 한다.

중국이 본격적인 개혁개방 정책을 실시하기 이전인 과거 금융시스템에서 은행은 사실상 거의 대부분이 국유은행이었다. 이들은 정부의 계획에 따라서 필요한 부문에 자금을 제공하는 '창구'의 역할만을 담당하였다. 이를 정책금융 또는 '계획금융'이라고 하며, 이러한 금융시스템 하에서 국유은행들은 전혀 효율적으로 운영될 유인이 없었다. 국유은행들은 그저 정부의 지시에 따라서 비효율적인 그래서 대출금을 상환받지 못할 가능성이 큰 국유기업에게 대부분의 대출을 제공하였다. 사실상 2000년 이전의 중국 은행들은 고객에 대한 서비스도 전혀 신경 쓰지 않았고, 대출 심사도 엄격하게 하지 않았다. 대출 손실에 대한 책임은 정부에 있었고, 국유은행의 직원들은 철밥통 직장에서 무사안일의 자세에 익숙했었다.

이러한 국유은행 중심의 금융시스템은 중국 금융시스템에 아직까지도 내재하고 있는 매우 중요한 특징이다. 이러한 낙후된 금융시스템을 개선하는 작업은 두 가지 측면에서 진행되었다. 하나는 기존 국유은행의 효율성을 개선하는 작업이고, 다른 하나는 효율적인 새로운 금융시스템을 도입하는 방법이었다. 중국정부는 금융시스템의 효율성을 개선하는 과정에서 점진적인 전환 정책을 사용하였고, 따라서 중국 금융시스템에는 국유은행의 특징이 아직까지 내재하고 있다.

2000년 이전 중국정부가 비효율적인 계획금융 시스템의 문제점을 개선하기 위해 주로 채택한 정책은 효율적인 시장경제 원리로 운영되는 "비국유 금융사의 신규설립을 허용"하는 것이었다. 신설된 '시장금융' 시스템이 기존의 비효율적인 '계획금융' 시스템을 보완하면서 전반적인 경제성장을 견인하도록 하였다.

대표적인 비국유 '시장금융' 시스템으로는 1980년대 이후 농촌 향진기업의 성장과 도시의 비국유 중소기업의 성장에 기여한 신용조합(合作社)이 있었다. 또한 해외에서 투자자금을 조달하거나 국유은행의 자금을 우회적으로 비(非)국유 부문에 공급한 신탁투자회사 등도 있다.

1990년대 이후에는 다양한 비국유 은행이 신설되었고, 보험사나 증권사, 자산운용사와 같은 새로운 비(非)은행 금융사들도 신설되면서 중국 금융시스템의 효율성은 꾸준히 개선되었다.

물론 이러한 비국유 금융시스템의 신설을 통한 금융시스템 효율성 개선의 효과는 제한적이었다. 신설된 시장금융 시스템이 전체 중국 금융시스템에서 차지하는 비중은 여전히 매우 낮았고, 중국 금융시스템에서 매우 중요한 역할을 담당하였던 국유은행들의 부실대출 문제는 매우 심각한 수준으로 악화되었다. 1997년 말 기준으로 대형 국유기업의 40% 정도가 적자였고, 지방 중소형 국유기업의 적자는 그보다 훨씬 심각했던 상황에서 이들에게 대출했던 국유은행들도 부실채권 문제가 매우 심각한 상황이었다.

더구나 2001년 중국의 WTO 가입 이후 금융시장을 개방하면서 글로벌 금융사들과의 경쟁이 불가피해졌다. 때문에 국유은행들의 낙후성 문제 해결은 매우 시급한 당면 과제가 되었다. 이 문제의 해결을 위해서 중국정부는 2000년대 이후 대규모 재정지원을 통해 기존 국유은행들의 부실문제를 해결하기 위해 노력하였다.

당시 중국정부는 대대적인 금융시스템 개혁을 통해 국유은행들이 담당하고 있던 정책금융(계획금융) 기능을 독립적인 '정책은행'들을 신설하여 독립시키는 정책을 도입하였다. 또한 중국정부는 1999년부터 국유독자 상업은행 부문의 금융부실을 대규모 재정투입으로 해결해주는 새로운 정책을 도입하였다. 당시 중국정부가 사용한 방법은 부실채권만을 인수하여 처리하는 배드뱅크 형태의 특수 비은행 금융회사인 '자산관리공사(AMCs)'를 설립하는 것이었다. 당시 설립된 4개의 자산관리공사는 재정부에서 자본금을 출자받았고, 이를 기반으로 채권 발행과 인민은행 대출을 통해 막대한 규모의 국유독자 상업은행의 부실채권을 인수하였다. 당시 자산관리공사는 회수 가능성이 높지 않은 은행의 부실채권을 장부가격으로 그대로 인수하였다. 이는 중국정부가 국유독자 상업은행들의 건전성을 개선하기 위해 매우 유리한 방식을 사용하여 특혜적인 정책을 추진한 것이다.

동시에 정부가 가지고 있던 국유은행의 지분 일부를 민간투자자들이나 외국기관들에게 매각하는 등의 "부분적인 민영화"라는 과감한 정책을 통해 시장금융 시스템을 도입하여 경영 효율성을 개선하기 시작하였다.

이처럼 중국 금융시스템은 지난 40년간 과거의 낙후된 계획금융 시스템에서 점진적으로 효율적인 시장금융 시스템으로 전환되는 과정에서 금융자금의 효율적인 배분을 통해 경제성장에 기여하였다. 이러한 금융시스템의 전환에 따른 효율성 개선이 분명 경제성장의 상당한 견인차 역할을 담당하였다.

계획금융과 시장금융이 공존하는 이원화된 시스템

중국 금융시스템은 계획금융에서 시장금융으로 전환되었지만, 이러한 전환은 단기간에 전면적이고 불가역적으로 진행된 것은 아니었다. 중국의 점진적인 금융시스템 전환은 매우 점진적으로 추진되었다는 측면에서 1990년대 구(舊)소련과 동유럽 사회주의 국가들이 전면적이고 급진적으로 시장경제 시스템으로 전환되었던 것과는 매우 대조된다. 이러한 점진적 시스템 전환으로 중국에서는 계획금융과 시장금융이 공존하는 이원화된(dual track) 시스템이 형성되었다. 이러한 이원화된 금융시스템은 두 개의 시스템이 공존하면서 나타나는 부정부패와 인플레이션 문제와 같은 부작용을 야기하였다. 또한 기존 계획금융의 잔재가 잔존하면서 시장금융의 효율적인 운영에 걸림돌이 되기도 하였다.

따라서 많은 연구자들과 언론은 중국이 보다 전면적인 민영화 등의 방법으로 시장금융 시스템으로 전환해야 한다고 주장하기도 한다. 나아가 현재도 남아 있는 과거 계획금융의 잔재 때문에 중국이 심각한 금융위기에 빠질 수 있다고 경고하기도 한다.

하지만 중국과는 반대로 급진적인 시장금융 시스템으로의 전환을 선택했던 과거 동유럽 사회주의 국가들은 심각한 경제위기와 사회불안을 겪으면서 국가체제의 존립까지 흔들리는 위기를 경험하였다. 이와 대조적으로 중국은 지난 40년간 시장금융 시스템으로 점진적으로 전환하는 과정에서 비교적 안정적이면서도 높은 성장을 지속하였기 때문에 체제 전환의 새로운 모델을 제시하였다는 평가를 받기에 충분하였다.

중국에서 국유은행 중심의 금융시스템이 아직까지도 유지되고 있는 것은 공산당과 국유기업 그리고 국유은행으로 이어지는 역사적이고 구조적인 원인이 있다. 중국은 국유은행을 완전히 민영화하여 이윤 극대화를 목표로 하는 시장경제 원리로 운영되는 금융시스템을 구축하는 것이 본질적으로 매우 어려운 경제 구조를 가지고 있다. 중국정부, 보다 정확하게 표현하자면 중국공산당은 경쟁적인 자유선거를 통해 정권을 유지하는 방법을 사용하기 어렵기 때문에 중요한 권력기반인 국유기업을 결코 포기할 수 없다. 비효율적으로 운영될 수밖에 없는 국유기업이 존재하는 한 중국 금융시스템에서 중국정부가 국유은행을 통해 국유기업에게 자금을 조달하는 계획금융의 특성은 결코 사라질 수 없는 것이다.

과거 중국정부는 계획금융에서 시장금융 시스템으로 전환하는 과정에서 국유은행의 민영화를 추진하면서도 가장 핵심적인 부문에서는 중국정부의 통제력이 유지될 수 있도록 안전장치를 마련하였다. 2000년대 이후 중국은 WTO 가입에 따른 금융개방으로 은행부문의 효율성 향상을 위해 국유대형은행의 소유-지배구조를 전환하였다. 그 방법으로 국유대형은행의 지분을 외국 전략적 투자자에게 판매하거나 지분의 일부를 주식시장을 통해 매각하는 등의 부분적인 민영화를 추진하였다. 하지만 그 과정에서도 핵심적인 통제권은 중국정부가 여전히 가지고 있다. 예를 들면 중국은 2003년 재정부가 외환보유고를 출자하여 설립한 국유독자 투자지주회사인 '중앙훼이진공사(中央匯金有限責任公司)'는 중국정부가 핵심적인 금융시스템의 영향력을 유지하는 매우 중요한 수단으로 사용되고 있다.

또한 민영 부문의 지나친 과잉투자 문제가 발생하였을 때는 중국정부가 주도적으로 비국유 금융사들을 정리하였고, 해외 부문의 불확실성 등으로 경제가 혼란한 상황에서는 과감한 정부개입으로 금융시장과 경제의 안정성을 유지하였다. 시장의 '보이지 않는 손'을 보완하는 중국정부의 '보이는 손'을 적극적으로 활용한 것이 세계 1위의 금융 선진국인 미국조차 경험했던 금융위기가 지난 40년간 중국에서 발생하지 않은 이유라고 평가되기도 한다. 해외 전략적 투자자를 유치하는 과정에서도 외국투자자들의 지분을 엄격하게 제한하여 금융사들에 대한 중국정부의 영향력을 유지하기 위해 노력하였다.

이처럼 중국정부가 시장금융의 요소를 도입하면서도 계획금융의 통제력을 유지하는 방식은 보다 과감한 시스템 전환을 통한 효율성 개선을 요구하는 서구 언론과 학자들이 많이 지적했던 문제점이었다. 하지만 이러한 이원화된 시스템의 효용성이 다시 평가받게 된 것은 2008년 미국의 서브프라임 모지기 부실에서 시작된 글로벌 금융위기이다. 글로벌 금융위기의 원인이 전 세계적인 금융자유화와 지나친 규제완화를 추진하였기 때문이라는 비판이 제기되었다. 이는 전면적인 시장금융이 모든 문제를 해결할 수 있는 만능열쇠가 아니라 지나친 시장금융이 문제를 야기할 수 있다는 것을 보여주었다. 이로 인해 시장금융과 계획금융을 보완하는 중국의 이원화된 금융시스템이 재평가되기도 하였다.

중국정부의 시장금융에 대한 통제력 상실 우려 전망

물론 중국이 향후에도 보다 효율적인 시장금융 시스템으로 전환될 것이라는 것은 중국정부가 제시하고 있는 일관된 정책 방향성이다. 이미 중국 금융시스템은 여러 측면에서 효율적인 시장금융 시스템을 적극적으로 도입하고 있다. 이자율 자유화나 환율 시스템이 보다 시장의 가격 신호에 민감하게 반응하도록 규제를 완화하고 있다. 또한 많은 중국 금융사들은 글로벌 선진 금융사와 경쟁할 수 있도록 시장경제 시스템에 적합하게 체질을 개선하고 경쟁력을 높여가고 있다.

최근에 주목받고 있는 이슈는 오히려 이처럼 중국이 시장금융 시스템으로 더욱 빠르게 전환되면서 중국정부가 과거와 같은 경제운영의 조정자 역할을 상실하는 과정에서 나타나는 문제에 관한 것이다. 중국이 시장금융 시스템으로 전환하면서 정부의 조정자 역할을 축소해가는 과정에서도 지금과 같은 금융시스템의 안정성을 유지할 수 있을 것인가, 아니면 경제 위기의 혼란에 직면하게 될 것인가의 여부이다.

첫째는 중국경제 성장의 중요한 원동력이었던 대외 부문의 환경이 이제 중국에게 불리하게 바뀌고 있는 과정에서 중국정부가 사용할 수 있는 정책수단이 부족해지고 있다는 지적이다. 예를 들면 2008년 글로벌 금융위기 이후 중국정부는 대규모 재정지출과 양화완화 정책(QE)을 통해 경제성장을 유지하였지만, 이 과정에서 지방정부 융자플랫폼과 같은 부실대출 문제나 부동산시장 거품과 같은 부작용이 심각해졌다. 보다 심각한 것은 이 과정에서 비효율적인 국유기업 부문에 자금이 다시 집중되면서 금융시스템의 효율성은 오히려 크게 악화되었고, 국유기업의 부실문제가 심각해졌다는 것이다. 이에 따라 국유기업의 구조조정은 매우 심각한 당면 과제로 등장하였다. 하지만 국유기업 구조조정 자금조달은 중국의 기존 금융시스템으로는 해결하기 쉽지 않은 정부의 매우 어려운 과제이다.

더구나 앞으로 미국과의 무역 분쟁과 같은 대외적인 여건은 점점 더 나빠지면서 해외에서의 자금조달도 어려워질 것은 분명하다. 중국정부가 이를 과거처럼 정부의 정책개입 같은 방법으로 해결할 경우에는 금융시스템의 효율성은 더욱 나빠지고 장기적으로 중국금융과 경제시스템의 리스크가 커지는 문제가 발생하기 때문에 중국정부의 고민일 수밖에 없다.

둘째는 중국 금융시장의 개방이 확대되면서 해외금융 부문의 리스크가 중국 국내로 파급되는 문제이다. 이는 특히 2015년 하반기 이후 두드러지게 나타나고 있다. 2000년대 이후 중국은 WTO 가입과 금융시장 개방에 대응하여 금융시장의 효율성 향상을 위해 시장금융 시스템으로 전환하고 있다. 이 과정에서 자본시장의 개방, 이자율 자유화, 위안화 해외유출 규제완화와 같은 시장금융으로의 정책 전환을 지속하고 있다. 하지만 이러한 금융개방 과정에서 해외로의 자본유출로 인한 금융시스템의 불안정성 증가, 외환보유고의 급격한 축소, 주식시장에 대한 글로벌 투기자본의 공격 등과 같은 불확실성도 커지고 있다. 더구나 이러한 문제에 대처하는 정부의 개입, 예를 들면 2015년 주가 폭락과 같은 상황의 대처가 큰 효과를 발휘하지 못하는 모습이 나타나면서 중국금융의 리스크를 우려하는 목소리도 커지고 있다.

셋째는 중국정부가 금융 자유화 과정에서 비국유 부문이 지나치게 성장하여 공산당-국유기업-국유은행으로 연결되는 중국금융의 핵심적인 영역에까지 위협이 될 가능성에 대한 지적이다. 2015년 이후 알리페이와 같은 신설 핀테크 금융사들이 소비자금융 등의 분야에서 금융혁신을 주도하면서 성장원동력이 되었다. 하지만 이들 핀테크 금융사들이 최근에는 전통적인 은행의 지급결제 시스템에까지 도전할 정도로 급성장하였다. 이에 따라 중국정부가 이에 대한 규제를 강화하고 있는 모습도 나타나고 있다. 하지만 중국정부가 어떻게 이러한 신설 핀테크 금융사들의 성장 원동력은 유지하면서도, 기존 국유금융 시스템과 보완해나갈 것인지도 쉽지 않은 과제일 것이다. 중국정부가 섣불리 이들 신설 핀테크 금융사들에게 정책적인 영향력을 행사할 경우에는 이들 핀테크 금융사들의 혁신 원동력이 크게 약화될 수도 있기 때문이다.

국제금융 룰 메이커로서의 역량 강화에 주목

이러한 많은 과제를 안고 있음에도 불구하고 중국금융 시스템의 미래나 나아가 중국경제의 미래를 긍정적으로 전망할 가능성을 언급한다면 지난 수년간 중국이 국제금융 시스템의 새로운 룰 메이커(rule maker)로 빠르게 부상하고 있다는 측면이다. 과거 중국은 달러 중심의 글로벌 금융 시스템의 룰을 일방적으로 수용해야하는 입장이었다. 하지만 중국경제는 고도성장을 지속하여 이제 세계 2위의 경제대국으로 부상하였다. 이에 따라 중국은 과거 자본수입국에서 점차 자본수출국으로 전환되면서 이제는 글로벌 금융시스템의 룰을 만들어가는 데 일정 정도 참여하고 있다. 예를 들면 중국의 위안화는 지난 수년간 국제 통용화폐로서의 위상이 급격히 상승하였다. 또한 '일대일로(一帶一路)'와 같은 중국의 해외 투자 확대를 계기로 위안화 무역결제 확대와 같은 중국에게 유리한 국제금융 질서의 구축을 적극적으로 추진하고 있다.

최근에는 알리페이와 같은 핀테크 모바일 국제결제 시스템을 확대하여 비자와 마스터카드가 구축해놓은 기존 신용카드 국제결제 시스템에 새롭게 도전장을 던지고 있다. 이미 알리페이의 모바일 지급결제 시스템이 전 세계 40여 개 국가에서 통용되면서 매년 1억 명이 넘는 중국인들이 해외에서 중국의 모바일 국제결제 시스템을 이용하고 있다. 중국인 해외여행객들은 미국 금융사들이 구축한 국제신용카드 시스템이 아니라 중국의 모바일 국제결제 시스템을 이용하는 것으로 중국 금융시스템의 발전에 기여하고 있다. 미국과 중국이 글로벌 패권 경쟁을 하고 있는 상황에서 기존의 미국 중심의 국제금융시스템이 아니라 중국 중심의 새로운 국제금융시스템을 구축한다면, 이는 중국 금융사들의 새로운 성장 원동력이 발굴되는 기반이 형성되는 것이다.

이제 우리는 중국 금융시스템의 낙후성에 대한 편견을 버리고 지난 40년간의 변화를 보다 객관적으로 평가해야 한다. 그리고 중국이 기존 미국 중심의 국제금융 질서에서 벗어나 새로운 국제금융 질서를 구축하고자 노력하고 있는 상황에서 한국 금융사들이 새로운 기회를 발굴할 수 있도록 많은 연구와 준비를 할 필요가 있다. ●

● **서봉교** | 서울대학교에서 경제학 박사학위를 받았으며, 주요 연구영역은 중국경제와 중국금융이다. LG 경제연구원과 삼성 금융연구소에서 근무했으며, 현재 동덕여대 중어중국학과 교수로 재직 중이다. 주요 저서로『중국경제와 금융의 이해-국유은행과 핀테크 은행의 공존』등이 있다.

9장

산업구조,
질적 발전단계로의 전환

조철 산업연구원 중국산업연구부

중국은 개혁개방 이후 급격한 산업구조의 변화를 경험했다. 각 산업별 비중의 변화보다 각 산업 내 질적 구조변화가 더 컸던 것으로 평가할 수 있다. 중국은 고속성장을 이루는 가운데 낮은 노동생산성 및 과잉생산능력, 산업가치사슬에서의 낮은 부가가치단계 담당, 심각한 자원생태 문제 등에 직면하였고, 이 문제의 해결을 위해 중국은 고속성장단계를 넘어 질적발전단계로 전환하고 있다. 이에 따라 중국 경제발전의 중요한 전략 목표는 단순한 대국이 아니라 질적 발전을 이룬 강국으로 설정하고 있고, 현대화된 선진경제체제를 건설하는 데에 있다. 개혁개방 이후 중국은 다양한 정책의 지원 아래 국제 분업의 기회를 활용하여 지속적인 산업구조의 변화를 시도해왔다. 크게는 1차, 2차, 3차 산업 간 구조변화가 이루어졌을 뿐만 아니라 각 산업 내부의 구조도 지속적으로 고도화해왔다.

1차, 2차, 3차 등 산업 대분류의 구조변화

먼저 산업 대분류 차원에서 산업구조 변화를 살펴보면, 개혁개방 이후 중국의 1, 2, 3차 산업 각각이 GDP에서 차지하는 비중은 크게 변화해왔다. 비중의 크기는 개혁개방 초기 2차, 1차, 3차 산업 등의 순이었으나 2차, 3차, 1차 산업 등의 순으로 변했다가 3차, 2차, 1차 산업 등의 순으로 전환되고 있다. 개혁개방 이후 중국의 1차 산업과 3차 산업의 비중은 큰 폭으로 변화하여왔고, 최근 3차 산업이 2차 산업을 대체하여 주력산업으로 등장하였다. 특히, 1차 산업의 비중은 크게 하락하였다. 개혁개방 당시 30% 내외였던 1차 산업의 비중은 2016년 8.6%에 불과할 정도로 그 위상이 크게 낮아졌다. 반면 3차 산업의 비중은 지속적으로 상승하여 2013년 이후 2차 산업을 추월하였다. 한편, 2차 산업의 비중은 크게 변화되지는 않았지만 1997년 50%에 도달한 이후 지속적으로 낮아져 2016년 39.8%로 처음으로 30% 대의 비중을 기록하였다.

그림 1. 개혁개방 이후 중국 GDP에서 각 산업이 차지하는 비중 변화 추이

단위: %

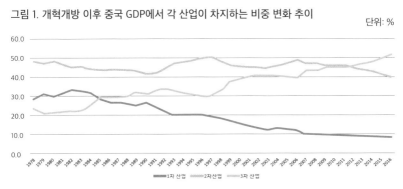

출처: 『中國統計年鑑』(各年度)

대부분의 선진국은 경제개발 초기에 2차 산업의 비중이 비교적 낮고, 1차 산업의 비중이 극단적으로 높은 양상을 보이지만, 중국은 개혁개방 초기 이미 높은 2차 산업 비중을 보이고 있었다. 한국만 하더라도 경제개발 초기인 1960년대 초에는 2차 산업의 비중이 20%에 크게 못 미치고, 1차 산업은 40% 내외로 3차 산업과 비슷한 수준을 보였다. 중국은 공산화 이후 공업화에 힘써 이미 공업 비중이 일정 수준에 도달해 있었고, 서비스업은 통제경제의 특징으로 인해 상대적으로 발전이 이루어지지 않았던 것 등에 기인한다.

노동력은 1차 산업에서 2차, 3차 산업으로 이동하는 양상으로 3차 산업의 노동흡수력이 절대적이다. 1978년 전체 고용에서 1차 산업이 차지하는 비중은 70.5%에 달했지만, 2016년 27.7%로 크게 하락하였다. 한편 2차 산업은 17.3%에서 2012년 30.3%까지 상승하였다가 최근 다소 하락하여 2016년 28.8%를 기록하고 있다. 3차 산업은 1978년 12.2%에서 지속적으로 상승하여 2016년 43.5%로 고용에 있어 절대적 위치를 차지하고 있다.

노동생산성은 1차, 2차, 3차 산업이 모두 크게 증가하였지만, 특히 2차 산업이 크게 상승하였다. 2014년 중국의 1차, 2차, 3차 노동생산성은 각각 1978년의 4.87배, 11.32배, 4.93배나 증가하여 3개 산업의 노동생산성 격차는 1978년의 1:2.73:4.11에서 2014년의 1:5.7:4.15로 크게 변화하였다. 빠른 경제발전에도 불구하고 1990년대 이전에는 1차, 2차, 3차 산업 모두 노동생산성이 비교적 낮은 수준에 머물렀고, 상승 폭도 비교적 적은 편이었다. 1978-1990년 기간 중 중국의 1차, 2차, 3차 산업의 노동생산성은 각각 52.39%, 50.41%, 49.00% 증가했다. 그러나 1990년대 이후 정보기술혁명, 중국경제의 빠른 글로벌화 진전, 다국적기업의 빠른 성장 및 대규모화, 선진기업관리이론의 빠른 발전 및 확산 등으로 중국산업의 생산성이 큰 폭으로 증가하였다. 1995-2014년 20년간 중국 1차, 2차, 3차 산업의 노동생산성은 각각 3.07배, 6.76배, 3.03배 증가하였고, 연평균 증가율은 각각 16.16%, 35.58%, 15.95% 등을 기록하였다. 1995년에 2차 산업의 생산성이 3차 산업을 추월하였고, 이후 1차, 3차 산업과의 격차가 확대되고 있다.

경제성장의 공헌도는 1차, 2차 산업은 약세를 보이는 반면, 3차 산업은 안정적으로 상승하는 추세다. 1차 산업의 경우 1981년을 최고 수준으로 하여 이후 하락하는 추세인데, 1980년대 중반 40%에서 10% 수준으로 하락하였다. 한편, 같은 시기 2차 산업의 공헌율은 20%에서 60%로 상승하였으며, 3차 산업은 30-40%의 안정적인 수준을 유지하였다. 1980년대 말 심각한 물가상승으로 2차, 3차 산업의 경제성장 공헌도가 크게 낮아진 데 반해, 1차 산업이 안전판 역할을 했다. 그러나 1990년대 이후 1차 산업의 경제성장 공헌도는 5% 미만의 낮은 수준에 머물러 있고, 2차 산업은 높은 수준이다가 하락세를 기록하였다. 3차 산업의 경제성장 공헌도는 변동성이 컸지만 상승하였으며, 2015년 2차 산업을 제치고 경제성장 공헌율이 가장 높은 수준을 기록하였다.

중국은 주요국에 비해 여전히 제조업 및 2차 산업의 비중이 매우 높은 반면, 서비스업의 비중은 상대적으로 낮은 것으로 나타나 향후 서비스업의 발전 가능성은 비교적 높은 것으로 평가된다. 2016년 GDP에서 제조업이 차지하는 비중은 중국이 27.5%로 한국에 이어 가장 높은 반면, 서비스업은 51.2%로 주요국에 비해 크게 낮다. GDP에서 서비스업이 차지하는 비중은 한국이 59.2%로 비교적 낮은 수준에 속하지만 중국에 비해 높고, 일본 71.0%, 미국 79.0%, 독일 63.4%, 영국 79.2% 등으로 중국에 비해 크게 높다.

산업 내 구조고도화 추이

개혁개방 이후 중국의 1차, 2차, 3차 등의 산업 내부구조도 고도화되고 있다. 전통농업이 1차 산업에서 차지하는 비중은 하락하고 목축업, 어업 등의 발전이 비교적 빨랐다. 최근 일정 수준을 유지하거나 다소 회복하는 양상이기는 하지만, 전통농업 부문이 중국의 1차 산업에서 차지하는 비중은 80%에서 약 50%까지 하락하였다. 농업이 중국 국민경제에 차지하는 기본적인 지위는 확고하지만, 주민소득 수준이 상승하고 주민 음식 수요가 업그레이드됨에 따라 육류, 계란, 우유, 수산물 등의 국내외 시장 수요가 지속적으로 증가하여 목축업, 어업 등의 빠른 성장이 이루어졌다. 목축업은 15%에서 30%로 상승하였고, 두 번의 금융위기에도 목축업의 충격은 작아 농업의 빠른 하락을 보완해주었다. 2008년 목축업이 1차 산업에서 차지하는 비중은 35.49%로 개혁개방 이후 최고 수준을 기록하였다. 1990년대 중후반 중 1차 산업에서 어업 부문이 비교적 빠른 성장을 기록했는데, 1차 산업에서 차지하는 비중이 2%에서 10%로 크게 늘었고, 1990년 말 이후 10% 내외에서 안정적 모습을 보이고 있다. 임업의 비중은 3-5%에 머물러 있는 양상이다.

　　2차 산업에서 공업 부문 비중은 하락하고 있지만, 그 폭이 크지 않아 지주산업으로서의 지위는 여전히 유지하고 있다. 지속적으로 공업은 2차 산업의 주력 부문이고, 건축업의 비중은 비교적 낮은 수준에 머물고 있다. 개혁개방 이후 2차 산업에서 공업이 차지하는 비중은 약간 하락하였지만 80% 이상을 유지하고 있다. 도시화 건설 및 부동산산업의 발전 과정 중 건축 수요가 증가하여 2차 산업에서 건축업이 차지하는 비중은 상승 추세로 지난 40년 동안 공업과 건축업의 비율은 9:1에서 8:2 정도로 변화하였다. 제조업은 공업 내에서 비중이 안정적으로 상승해왔다. 개혁개방 초기 중국은 노동력의 우위로 전자, 경공업 제품 등으로 대표되는 제조업이 비교적 빠르게 발전하였다. 중국이 빠르게 세계 산업가치사슬에 진입하게 되었는데, 특히 WTO에 가입한 이후 전 세계의 IT제품 가공, 완구, 의류, 제혁 등 노동집약적 제조업이 중국에 집중 배치되었다. 2010년 중국 제조업이 세계 전체에서 차지하는 비중이 18.3%로 미국을 제치고 세계 제1의 제조업 대국으로 부상하였다. 최근 중국을 둘러싼 글로벌 제조업 분업체제가 다소 변화하고 있는데, 중국 제조업의 구조고도화라는 내부적 요구에 따라 "중국제조 2025 전략"을 시작하였다. 이미 중국 제조업은 산업가치사슬에 있어 하류에서 중상류로 전환하고 있고, 제조업 내부구조도 전통적 노동집약적 산업에서 첨단장비제조, 정보통신설비, 스마트제조 등 자본기술집약형 산업으로 조정되고 있다.

　　3차 산업에서는 도소매업, 교통운수 등 전통서비스업의 비중이 하락하고, 금융, 부동산 등이 빠르게 부상하며, SW 및 정보기술 등 새로운 서비스업의 비중이 상승하였다. 3차 산업 내 구조는 특정 시기에 따라 변화하고 있는데, 개혁개방 이후 3차 산업의 주도산업에 있어 비교적 큰 변화를 보이고 있다. 중국의 3차 산업은 초기 전통서비스 중시에서 현대서비스 중심으로 전환되는 추세다. 1978년 3차 산업에서 도소매업, 운수교통, 창고 및 우편, 부동산 등이 상위 순위를 기록했는데, 2017년은 금융업이 교통운수, 창고 및 우편 등을 제치고 2위가 되었고, 부동산이 3위를 기록하였다. 도소매업, 숙박음식업의 비중은 모두 개혁개방 초기에 상승하였지만, 후기에 하락하여 2017년에는 1978년 대비 각각 그 비중이 8.56%포인트, 1.51%포인트 하락하였고, 교통운수 및 창고 및 우편 산업은 하락이 비교적 빨라 1978년 20.11%에서 2017년 8.62%가 되었다. 1993년에 시작된 금융체계의 조정, 은행업의 상업화 개혁 및 1998년 주택체제 개혁 등 일련의 중대 개혁조치 실시에 따라 1990년대에 금융업, 부동산업 등이 빠르게 부상하였고, 2006년 이후 양대 산업의 발전은 속도를 높여 비중이 빠르게 상승하였다. 금융업의 비중은 1978년 8.45%에서 2017년 15.45%로, 부동산은 8.83%에서 12.61%로 상승하였다. 정보전달, SW 및 정보기술서비스, 임대 및 비즈니스 서비스 등 새로운 서비스업은 최근 10년 동안 비중을 높여 현재 전통적 숙박 및 음식업을 추월하였다. 특히 3차 산업에 있어 기타 서비스의 비중이 비교적 높은 수준이며, 비교적 빠른 성장을 경험했다. 기타 서비스는 2008년 이미 그 비중이 40%에 도달하여 비록 지난 10년간 비중이 낮아졌지만, 현재 금융업과 부동산업을 합친 것보다 더 높은 수준이다. 기초인프라로서 과학, 교육, 문화, 위생 및 주민서비스 등의 산업은 40년 동안 큰 발전을 실현했다.

수출과 투자구조의 변화

중국의 산업발전은 개혁개방을 통해 이루어졌기 때문에 수출과 외국인 투자가 매우 중요한 역할을 수행했다. 중국 수출은 2017년 2조 2,792억 달러를 기록하여 1980년 대비 16배나 늘어났다. 이렇게 수출이 증가하는 가운데 산업구조의 변화로 수출구조도 큰 변화를 겪었다. 1980년 음식료 및 원자재 중심의 수출구조가 공산품 위주로 전환되었을 뿐만 아니라 공산품 중에서도 기계 및 운수장비 등의 중요성이 크게 높아졌다. 1980년 중국의 수출은 초급 산품이 50%를 상회했고, 이 중 식품, 광물 및 석유류 등의 비중이 높았다. 공산품에 있어서는 기계 및 운수장비의 비중은 매우 낮은 수준이었고, 원료가공제품이나 잡제품이 대부분을 차지했다. 그러나 2016년의 경우 초급 산품의 비중은 5% 수준으로 낮아졌고, 공산품이 95%를 차지하고 있다. 공산품 내에서도 기계 및 운수장비가 46.9%를 차지하여 가장 높은 비중을 나타내고 있다. 결국, 수출로 본 중국의 산업구조는 개혁개방 이후 큰 변화를 보여왔다는 것을 알 수 있다. 중국의 주요 분야별 무역수지도 개혁개방 초기에는 일부 초급 산품 및 잡제품 등에서 흑자이고, 기계 및 운수장비, 화학산업 등에서는 적자를 기록하여 전체적으로 적자였지만, 먼저 원료가공제품 분야가 흑자로 전환하였고, 2000년 이후 기계 및 운수장비까지 흑자로 전환되어 2017년 4,892억 달러에 달하는 흑자를 거두고 있다.

외국인투자는 중국 산업발전에서 매우 중요한 역할을 담당했다. 전체 투자에서 차지하는 투자규모도 중요하지만 외국인투자가 중국산업을 글로벌 가치사슬에 편입하도록 하였고, 선진기술 및 선진 관리기법

표 1. 중국 수출구조의 변화 단위: %

	초급 산품						공산품					
	소계	식품	음료 및 담배	비식용 원료	광물 연료 및 석유류	동식물 유지	소계	화학 산업	원료 가공 제품	기계 및 운수 장비	잡제품	기타
1980	50.3	16.5	0.4	9.4	23.6	0.3	49.7	6.2	22.1	4.7	15.7	1.1
1885	50.6	13.9	0.4	9.7	26.1	0.5	49.4	5.0	16.4	2.8	12.7	12.5
1990	25.6	10.6	0.6	5.7	8.4	0.3	74.4	6.0	20.3	9.0	20.4	18.7
1995	14.4	6.7	0.9	2.9	3.6	0.3	85.6	6.1	21.7	21.1	36.7	0.0
2000	10.2	4.9	0.3	1.8	3.2	0.0	89.8	4.9	17.1	33.1	34.6	0.1
2005	6.4	3.0	0.2	1.0	2.3	0.0	93.6	4.7	16.9	46.2	25.5	0.2
2010	5.2	2.6	0.1	0.7	1.7	0.0	94.8	5.6	15.8	49.5	23.9	0.1
2015	4.6	2.6	0.1	0.6	1.2	0.0	95.4	5.7	17.2	46.6	25.8	0.1
2016	5.0	2.9	0.2	0.6	1.3	0.0	95.0	5.8	16.7	46.9	25.2	0.3

출처: 『中國統計年鑑』(各年度)

등을 도입하여 산업구조를 고도화하는 데 결정적인 역할을 했다고 볼 수 있다. 개혁개방으로 본격화된 중국의 외국인투자는 그동안 지속적으로 증가해왔지만 최근 들어 상대적으로 증가율이 크게 낮아져 전체 중국의 투자에서 차지하는 비중은 낮아지고 있다. 중국 전체 고정자산투자에서 외국인투자가 차지하는 비중은 개혁개방 초기에 4% 수준이었다가 1996년 11.8%로 최고 수준을 기록하였지만, 이후 지속적으로 하락하여 2016년 현재 0.4%에 불과하다. 즉, 중국은 이미 산업발전을 외자에 의존하기보다 자체적인 투자에 더 의존하는 형태로 변화했다는 것을 의미한다. "중국제조 2025 전략"에서도 모든 신산업에 있어 중국 로컬자본의 중요성을 강조하고 있다.

그림 2. 중국의 외국인투자액 및 외자비중 변화 추이

출처: 『中國統計年鑑』(各年度)

지역별 산업분포의 변화

중국은 개혁개방 초기 외자유치 등을 통해 동부 연안을 중심으로 산업 발전을 추진하였다. 중국 내부의 제도개혁은 지역에 상관없이 전국적으로 시행되었지만, 동부 연안지역이 선도적으로 실시한 대외개방 정책 및 정책지원하의 외향형 경제발전이 관련 산업의 공간배치에 비교적 큰 영향을 초래했다. 1978년 덩샤오핑은 동부 연안지역의 대외개방 가속화를 제시하였고, 이에 따라 1980년대 초 동부성시가 선도적으로 개방하였다. 이후 중국 동부 연안지역을 중심으로 지속적으로 국가급 경제기술개발구, 첨단기술개발구, 수출가공구 및 보세구 등을 설립하여 국제산업이전의 플랫폼 및 첨단기술산업의 기지를 형성하였다. 동시에 중서부지역은 에너지, 원재료공업 및 철로, 수운 등 교통기초인프라 등을 중점 발전시켜 동부지역을 지원하도록 했고, 중요 프로젝트 및 자원을 동부 연안지역에 집중시켜 동부 연안지역 각종 산업 특히 외향형 경제와 관련 있는 산업의 신속한 부상을 촉진하였다.

　　1980년대의 불균형발전전략으로 인해 동부경제는 고속 성장을 했지만 지역 간 불균형이 심화되고, 지역 간 격차는 점차 확대되는 문제점이 발생하여 1992년부터 중국은 지역경제의 협력발전에 대해 강조하기 시작했다. 이에 따라 지역 간 우위요소 상호보완, 협력발전이라는 기본원칙하에 지역별로 중점산업을 육성하는 정책을 실시하기 시작했다. 그러나 2000년 이후에도 중국의 지역 간 격차는 더욱 심화되었다. 동부 대도시는 신속하게 팽창했지만, 동북 노후 공업지역은 쇠퇴하는 현상이 발생했고, 중서부지역은 비교적 낙후된 상황이 지속되었다. 이에 따라 지역개발에 대한 보다 구체적인 사업들을 구상하게 되었는데, 1999년 중국공산당과 국무원은 서부대개발 전략을 제시하였고, 2000년 10차 5개년 계획에서는 "서부대개발 전략을 실시하여 지역 협력 발전을 촉진한다"고 명시하였다. 2003년 중국공산당과 국무원은 "동북지역 등 노후 공기지 진흥전략에 관한 의견", 2006년 "중부지역 굴기에 관한 의견" 등을 발표하였다. 18대 당대회 이후 중국공산당과 국무원은 "일대일로" 건설, 징진지 협동발전 및 장강경제벨트발전 등 3대 전략을 제시하여 전국을 통일적으로 우위 요소에 따라 발전시키는 데 중점을 두었다. 이러한 발전전략에 따라 2005-2016년 기간 중 1차 산업은 동부 및 중부로부터 서부 및 동북으로 이동하는 추세이고, 2차 산업과 3차 산업은 동부와 동북의 분포에서 낮아지는 추세이며 중부와 서부에서의 비중은 높아지는 추세다. 동부, 중부 지역은 1차, 2차 산업의 비중은 낮아지고 3차 산업의 비중은 높아졌고, 동북지역은 1차 산업 비중은 기본적으로 현상유지를 하는 가운데 3차 산업의 비중은 비교적 크게 상승하였고 2차 산업은 지속적으로 위축되었다.

　　중국 지역별 산업구조 변화의 대표적인 사례로서 선전(深圳)을 들 수 있는데, 개혁개방이 선도적으로 이루어진 곳으로 개혁개방 이후 지역의 산업구조가 급격하게 변화하였다. 개혁개방의 대표지역으로 선정된 선전은 1979년 시로 승격되었고, 경제특구가 설립되었다. 1980년대와 1990년대 초에는 제조업이 특구 내 특정지역에 집중되었다. 1990년대 중반 이후 토지자원의 한계로 인해 특구 내에서는 가공무역형 제조업이 점차 시의 다른 지역으로 구축되고 첨단기술산업으로 산업구조가 전환되기 시작했다. 특히 특구의 중심지는 제조업보다 전자제품의 집산지로서 상업지역으로 변모하게 되었다. 최근 선전은 신산업과 혁신 및 창업의 도시로 전환되면서 선전 내에 있던 제조 부문은 동관 등 다른 지역으로 이전하고 있고, 광둥성뿐만 아니라 안후이, 충칭 등 중서부지역으로 이전이 이루어지고 있다.

중국산업의 새로운 발전 흐름과 시사점

현재 중국은 산업구조 차원에서 다양한 문제점들을 제시하고 있지만 그동안 빠르게 산업구조를 고도화해왔고, 최근에는 세계적 산업구조 변화를 선도하고 있다. 그중 하나가 4차 산업혁명 및 신산업 분야에 대한 중국의 대응이다. 최근 4차 산업혁명이 중국의 산업구조 변화에 중요한 역할을 수행하고 있다. 중국은 지난 40년간 정보기술 특히 인터넷기술을 축적해왔고, 최근 빅데이터, 클라우드, 인공지능 등 새로운 과학기술 부문에 있어 선두주자로 부상하고 있다. 중국은 이미 인터넷플러스 전략을 중요한 국가발전전략으로 선정하고, 산업뿐만 아니라 사회전반의 변화를 꾀하고 있다. 이 중 4차 산업혁명 기술을 기반으로 하는 산업구조 변화 및 산업의 스마트화가 산업발전의 중요한 방향 중 하나다. 이를 통해 공유경제, 디지털경제, 전략형 신흥산업 등 신산업의 발전, 전통산업 내부구조의 분화 및 변화 등을 추진하고 있다. 최근 중국은 신산업 분야의 빠른 성장을 이루고 있는데, 고속철, 모바일 결제, 공유자전거 및 전자상거래 등을 중국의 4대 신발명으로 명명할 정도로 신산업이 빠르게 성장하고 있다. 중국에서는 산업 간 상호 침투 및 융합발전이 보다 가속화되고 있다. 농업은 기계화, 정보화, 서비스화 추세를 나타내고 있고, 공업화와 정보화 융합발전, 제조업 서비스화와 생산성 서비스 등은 전통산업의 경계를 모호하게 하고 있다. 산업 간 및 산업 내부구조의 변화에 강한 영향을 주고 있는 것이다. 이는 중국이 세계 산업 발전 흐름에 적극적으로 참여할 뿐만 아니라 오히려 이를 선도하고 있다는 것을 의미한다. 이러한 의미에서 향후 40년간의 중국과의 관계는 이전 40년과는 판이하게 달라질 것이고, 우리가 이에 적극 대응하지 않으면 시장을 잃을 뿐만 아니라 경쟁에서 도태당할 가능성도 매우 높다. ●

● **조철** | 서울시립대학교에서 경제학 박사학위를 받았으며, 주요 연구영역은 주력산업 발전정책, 자동차산업, 한중 산업협력 등이다. NJIT Information System Department 방문학자, 한국자동차산업학회 부회장, 산업연구원 북경지원 수석대표 등을 역임했으며, 현재 산업연구원 중국산업연구부장으로 재직 중이다. 주요 저서로 『한중 FTA에 따른 제조업의 주요 업종별 영향분석 및 활용방향 연구』 등이 있다.

10장

과학기술혁신강국으로의
체제전환

노성호 세종대학교 중국통상학과

개혁개방과 중국 과학기술 혁신체제의 진화

개혁개방 이전 중국의 과학기술 발전은 매우 제한적이었다. 중국 성립 초기에는 구소련과 과학기술 교류를 통해 역량을 키워갈 수 있었지만 이후 양국 간 일련의 갈등 때문에 과학기술 교류가 단절되었고 중국의 과학기술 역량 발전도 제한되었다. 다른 서방국가와의 교류도 단절되어 외부지식네트워크에의 접근이 어려웠기 때문에 중국의 과학기술 발전은 더뎠다. 중국은 대륙간탄도미사일과 핵무기 혹은 벼품종 개발과 같이 국가 전략적으로 중요한 분야에 우선 자원을 투입해서 연구개발 조직을 구축할 수 밖에 없었고 다른 분야의 과학기술 발전은 원활히 이뤄지지 않았다. 특정 분야에서 목표는 달성했지만 이후 10여 년간 지속된 문화대혁명 기간 동안 과학기술 역량 발전을 위한 기반이 훼손되었다.

이러한 중국의 과학기술 혁신체제는 1978년 개혁개방이 시작되고 과학기술에 기반한 생산력 발전이 강조되면서 근본적인 전환이 시작되었다. 덩샤오핑의 지지하에 1977년 11월 대학입시제도가 부활되었다. 중고등학교의 학습연한이 연장되고 전문대학과 기술전문학교가 부활했다. 대학교에 전문학과가 만들어지고 대학원 제도가 확대되었다. 이공계 분야에서 박사학위 과정 이수자가 배출되기 시작했다. 계획경제 통제를 완화해서 시장주체들이 개인적으로 지식축적활동에 자원을 배분할 수 있게 되었다.

　　1985년부터는 자오쯔양 총리의 주도하에 과학기술체제 개혁과 교육체제 개혁에 대한 중기계획이 마련되어 국가주도의 본격적인 혁신체제 전환이 시작되었다. 이전 중국의 연구개발(R&D) 활동은 대부분 계획경제체제 틀에서 위계적인 행정조직에 속한 산업 내의 한 조직이 해당 산업내 생산단위의 문제를 해결하는 수준에 제한되었다. 유일한 예외는 중국과학원(中國科學院)이었는데 중앙에서 전문적으로 전략적인 자연과학, 공학 분야의 R&D 활동을 담당했다. 체제전환 당시 중국에는 현급(縣級) 이상에 연구개발(R&D) 기관은 4,690개 현급 이하에 3,000개 정도의 R&D 기관이 존재했고 32,3000명 정도의 과학기술 R&D 인력이 있었다. 이들의 생산성과 효율성을 높이기 위해 먼저 기술시장 제도가 정비되었다. 지식의 생산자와 사용자가 위계적 관계를 벗어나게 된 점이 중요하다. R&D 기관들은 정부가 일방적으로 배분해주던 자원에 의존하지 않고, 한 분야에 얽매이지 않으면서 독자적인 활동을 기획할 수 있게 되었다. 시장에 부응하는 R&D 활동을 위해 기관들이 연구원 초빙, 구성원 해외유학 등의 자율적인 노력을 모색할 수 있게 되었다. 두 번째로 중국정부의 R&D 기금배분을 성과 위주로 전환했다. 대학에는 중점학과가 생기고 성과가 좋은 R&D 기관들은 국가중점실험실로 지정되었다.

이러한 체제 전환과 함께 중국정부는 대대적인 과학기술지원기금 조성과 배분을 모색할 수 있었다. 1986년 3월 시작되어 '863계획(國家高技術研究發展計劃)'이라 불리는 자연과학기술 R&D 지원기금을 통해 바이오, 우주, 정보, 레이저, 자동화, 에너지, 신물질의 첨단기술 프로젝트에 대한 국가 차원의 지원이 이뤄졌다. 이후 이 기금을 통해 전기통신과 해양기술 분야 과학기술도 지원되었다. 이 기금의 지원으로 톈허(天河) 슈퍼컴퓨터, 선저우(新舟) 유인우주선 개발 등 성과달성이 가능했다. 1988년 8월에는 '횃불계획(火炬計劃)'을 시작해서 보다 시장과 산업 지향적인 하이테크 산업기술 개발 관련 지원을 시작했다. 이 정책의 목적은 과학기술과 교육이 시장원리에 입각해서 국가부흥에 기여할 수 있도록 하이테크 산업발전을 위한 제도법규를 정비하고 하이테크 산업지구를 개발하며 하이테크 창업을 위한 서비스 인프라를 조성하는 것이다. 특히 이 정책을 통해 대학과 R&D 기관으로부터의 스핀오프 창업이 장려되었으며 지방정부가 기금을 조성해 창업을 지원할 수 있는 하이테크 산업지구를 만들도록 했다. 1998년까지 중국은 이 정책을 통해 53개의 하이테크 산업지구를 개발하고 12,599개 프로젝트를 지원했다. 이로 인해 1988년 GDP의 1%에 미치지 못하던 하이테크 산업 생산은 1997년 말 GDP의 11%까지 늘어났다. 이러한 지원이 이뤄지는 다른 한편으로는 이 기간 동안 생산성이 떨어지는 R&D 기관에 대해서는 정부지원을 줄였다. 중국정부는 이 당시 R&D 기관을 기초연구형, 기술개발형, 공공서비스유형으로 나누었는데 대략 4,000여 개의 기술개발형 R&D 기관 중

2,000여 개 기관에 대해서는 정부가 지원하던 운영비를 줄였다. 전체적인 삭감규모는 10억 위안 정도로 이는 1985년 중국정부 전체 과학기술 재정의 1/10에 해당하는 규모였다. 시장에서 생산성을 증명하지 못하는 R&D 기관은 도태되거나 다른 조직에 합병되었다.

천안문 사태와 경제 불안, 뒤이은 체제논쟁을 정리한 후 중국은 주룽지 총리 주도로 1993년부터 회사법(公司法)을 제정하는 등 시장제도 개혁을 가속화했다. 중국은 1995년부터 다시금 과학기술 혁신 정책 방향을 정하고 고등교육기관 효율 개선, 하이테크산업기술개발지구 지정, 국립 연구기관 개혁, 산학연 확대 등 제도개혁을 추진했다. 특히 회사법으로 정부에 소속된 기관이 아닌 독립영리법인 형태의 기업 성립이 가능해짐에 따라 R&D 기관의 정체성 변화가 가속화되었다. 은행의 대출기능 부활로 인해 비대해진 국유 부문의 해체가 진행됨에 따라 R&D 기관도 구조조정이 진행되었다. 특히 1999년 시작되어 2001년까지 진행된 R&D 기관 체제전환은 중요하다. 이 당시 1,200여 개의 국유 기술개발형 R&D 기관의 체제전환이 이뤄졌는데 300여 개는 다른 기관 혹은 기업에 편입되었고 600개 정도가 독립영리법인으로 전환했다(Gu and Lundval, 2006). 일부분은 대학에 편입되었다. 정부는 R&D 기관이 기업 등 시장에서 스스로 프로젝트를 수주해서 연구개발 활동을 지속하도록 유도했다. 이러한 전환을 거쳐 〈표 1〉에서 확인할 수 있는 바와 같이 2000년에 와서는 기업의 R&D 지출 비중이 60%로 증가했다. 이는 R&D 기관이 독립영리법인이 되거나 기업으로 편입된 결과였다.

표 1. 개혁개방 시기 중국 국내 R&D 지출

단위: 10억 RMB

	1987	1990	1995	2000
중국 국내 R&D 지출	6.74	12.54	34.87	89.57
기업 지출 비중 (%)	29.3	n.a.	43.7	60.0
독립 R&D 기관 지출 비중 (%)	54.7	n.a.	42.1	28.8
대학 지출 비중 (%)	15.9	n.a.	12.1	8.6

출처: Gu and Lundval (2006)

WTO 가입 이후 중국 과학기술 혁신 체제의 진화

WTO 가입 이후 중국의 기업들은 국제시장에서의 경쟁에 직면했다. 또한 국내시장에도 외자기업들의 투자 진출이 더 활발해짐으로 인해서 기업들의 생산성이 직접 비교되었고 국가 전체 과학기술 역량의 제고가 절실하게 요구되었다. 이에 중국은 2005년 10월 〈국가중장기과학기술발전계획강요2006-2020(國家中長期科學技術發展計劃綱要)〉를 추진해나갈 것을 천명하고 2천여 명에 달하는 산학연 각계 전문가의 자문을 거쳐 2006년 2월 구체적인 실천계획을 담은 안을 완성한다. 이 계획에서는 자주적 혁신(自主創新)을 강조했다. 그때까지 중국은 R&D 기관의 역량이 부족했기 때문에 외자기업과의 합자, 합작 형태로 기술이전을 받아 생산성을 높이는 혁신모델을 주로 활용했다. 하지만 외자기업이 기술이전에 적극적이지 않고 기술이 낙후된 생산설비 라인만을 수출하는 경우가 많았고 중국 경제주체들이 첨단기술에 접근하기는 어려웠다. 이러한 상황을 바꾸기 위해 중국은 국내의 R&D 기관의 역량을 높이고 이들의 과학기술 활동을 직접 지원하는 정책을 추진했다. 이러한 정책을 통해서만이 중국 국내 기업이 독자적으로 핵심기술을 확보하고 충분한 기술역량을 얻을 수 있다고 판단한 것이다. 이러한 시도는 1994년부터 이뤄진 일련의 세제개혁과 WTO 가입 후 기업의 매출증대에 기인해서 중앙정부가 안정적인 재정을 확보할 수 있었기 때문에 가능했다. 〈11차 5개년 계획(2006-2010)〉, 〈12차 5개년 계획(2011-2015)〉을 통해 정부조달, 연구개발비용 지원 분야를 선정하고 지원을 추진했다.

2006년부터 시작된 중국정부의 과학기술 지원 정책은 지방정부의 참여가 활발해지면서 더욱 강화되었다(Gu, Serger and Lundval, 2016). 중앙정부는 국가 방침을 선전하고 지방정부의 과학기술 지출을 비교하며 과학기술 분야에 대한 투자를 적극 독려했다. 이 당시 중국의 경상수지 흑자가 늘어나고 각 지역의 산업이 발달하면서 부동산 가격이 상승했다. 이러한 기회를 활용해서 지방정부의 부동산 개발이 활발해지고 세수도 늘어났으며 과학기술 분야에 더 많은 지출이 가능했다. 〈표 2〉에서 확인할 수 있는 바와 같이 중앙정부의 과학기술 재정 지출이 늘어나는 것보다 지방정부의 과학기술 재정 지출이 더욱 빠르게 증가했다. 2006년을 지나며 지방정부 과학기술 재정 지출 비중이 확연히 높아지고 2012년을 지나면서 한층 더 비중이 높아진다.

표 2. 과학기술 지출 재정 중 중앙정부 지출과 지방정부 지출

단위: 1억 RMB, %

	2001	2003	2005	2007	2010	2011	2013	2015	2016	2017
중앙	444.4 (63.2)	639.9 (65.6)	807.8 (60.5)	1,043.0 (49.3)	2,046.4 (49.7)	2,469.0 (50.4)	2,728.5 (44.1)	3,012.1 (43.0)	3,269.3 (42.1)	3,421.5 (40.8)
지방	258.9 (36.8)	335.6 (34.4)	527.1 (39.5)	1,070.5 (50.7)	2,068.0 (50.3)	2,433.6 (49.6)	3,456.4 (55.9)	3,993.7 (57.0)	4,491.4 (57.9)	4,962.1 (59.2)

출처: 『全國科技經費投入統計公報』(各年度)

일부 지방은 지역의 발달된 산업으로부터 과학기술 활동에 필요한 자원이 조달되고 지방정부도 안정적인 세수를 바탕으로 적극적으로 과학기술 활동을 장려해서 하이테크 기술이 더욱더 발전하는 선순환이 만들어지고 있다. 지식파급효과가 극대화되며 과학기술 혁신이 빠르게 이뤄지는 것이다. 베이징과 상하이 외에도 최근에는 광둥성과 홍콩, 마카오를 아우르는 혁신지역(粤港澳大湾區)이 주목받고 있다. 이 지역에는 세계 500대 기업 중 17개 기업의 본사가 위치해 있고 288개의 500대 기업이 투자하고 있다. 홍콩에는 QS세계대학평가기준 100위 내 대학 4곳이 집중되어 있다. 선전은 텐센트(Tencent), 화웨이(華爲, Huawei), 다장(大疆, DJI) 등 중국 최고기업들이 밀집되어 있다. 또한 행정중심이 되는 광저우의 시장, 포산과 동관의 제조업 기반이 서로 시너지를 내면서 중국뿐만이 아닌 세계의 과학기술 혁신센터로 발돋움하고 있다. 2016년 광둥성의 PCT 국제특허신청 건수는 2.68만 건으로 2·3·4위인 베이징(0.51만 건), 장쑤성(0.46만 건), 상하이(0.21만 건)에 비해 압도적으로 많다.

최근 중국은 〈13차 5개년 규획(2016년-2020년)〉에서 '혁신주도형 발전전략(國家創新驅動發展戰略)'을 천명하고 정부주도의 과학기술 발전전략을 더욱 강력하게 추진해나가고 있다. 2015년에는 공업 기초 강화, 친환경 제조, 고도기술 장비 혁신, 스마트 제조업 육성, 국가 제조업 혁신센터 구축의 5대 프로젝트와 차세대 IT, 고정밀 수치제어기기, 항공 우주 등 10개 전략산업을 육성하는 중국제조 2025(中國制造2025) 계획이 세워져 추진되고 있다. 인터넷, 모바일, 클라우드컴퓨팅, 빅데이터 등 정보기술을 전통 제조업과 융합해서 혁신역량을 키우는 인터넷 플러스(互聯網+) 행동계획도 추진되고 있다. 2017년에는 바이오, 해양, 자원, 기후변화, 환경, 첨단제조, 의료기기, 기술시장, 기술표준 등 분야의 구체적인 정책계획이 수립되어 추진되고 있다. 최근 중국의 과학기술 분야 목표는 제조기술 추격을 넘어 세계 질서 속에서 과학기술 헤게모니를 형성하고 이 분야 최강국으로 발돋움하려는 것으로 바뀌고 있으며 2050년으로 그 구체적인 목표 도달 시점까지 거론되고 있다.

중국 과학기술 역량의 성장과 성과 축적

이러한 노력에 힘입어 중국 과학기술 분야 역량이 빠르게 성장하고 그 성과가 축적되고 있다. 우선 상근 R&D 인력은 2016년 기준 169만여 명에 이른다. 이는 세계에서 가장 많은 수다. 또한 기술인력과 지원인력을 포함한 전체 R&D 인력은 2016년 기준 400만 명 수준으로 일본과 EU회원국 전체를 합친 것보다 많다. 또한 R&D 경비지출이 세계 2위 수준이

표 3. 최근 중국 각종 R&D 관련 지표

	2012	2013	2014	2015	2016
총연구비(백만 USD)	292,196	334,117	370,590	407,415	451,201
GDP대비R&D투자(%)	1.91	1.99	2.02	2.07	2.12
R&D상근연구원(만명)	140.4	148.4	152.4	161.9	169.2
PCT특허출원(건)	18,616	21,508	25,544	29,838	43,091
SCI논문(건)	187,766	219,281	256,203	285,642	309,441

출처: OECD MSTI(Main Science and Technology Indicators)

다. 2016년 중국의 총 R&D 경비지출은 4,512억 달러로 미국에 이어 2
위다. 2016년 미국의 총 R&D 경비지출은 5,110억 달러였으며 중국이
거의 근접하게 따라왔다. 2016년 기준 GDP 대비 R&D 투자액 비율은
2.11% 수준으로 개발도상국으로는 매우 높은 수치다.

OECD MSTI 공개자료에 의하면 2016년 중국의 SCI 수록 논문
수는 30만여 편으로 미국에 이어 세계 2위 지위를 보였으며 중국은 이
자리를 8년째 지키고 있고 빠른 속도로 미국을 따라잡고 있다. 중국 과
학자가 제1 저자인 논문 수도 증가하는 추세다. 피인용지수가 높은 과
학자도 빠르게 증가하고 있는데 그 수는 2017년 3,000명 내 344명으
로 미국, 영국에 이어 세계 3위 수준이다. 또한 특허와 같은 지식재산권
도 빠르게 축적되고 있다. PCT특허출원은 2017년 48,869건으로 미국의
56,518건에 이어 2위다. 오포(歐珀, OPPO), 다장(大疆, DJI) 같은 경우는 해
외 특허 획득 수 증가율이 각각 142.3%, 46.9%을 보이고 있다. 2017년
중국 국내 발명특허 등록건수는 총 42만 건인데 이 중 국내 특허가 32.7

만 건으로 전년대비 8.2% 증가한 것이다. 특허 등록 수로 중국국가전력망(國家電網)회사(3,622건), 화웨이(華為, Huawei)(3,293건) 등의 기업이 상위에 랭크되어 있다. 세계지식재산권기구와 코넬대학 등 기관이 공동으로 발표하는 2017년 세계혁신지수 평가에서 중국은 22위 수준으로 개발도상국으로는 놀라운 수준을 보였다.

이러한 중국 과학기술 역량의 성장은 중국에서 해외로 나갔다가 귀국한 유학생 수에서도 확인할 수 있다. 중국의 R&D 인프라 수준이 높아지고 첨단 과학기술 활동이 이뤄지게 되면서 해외에서 유학한 학생들이 돌아와서 혁신활동을 지속한다. 2016년 연말 기준 중국에서 해외로 나갔다가 귀국한 유학생 수는 265.11만 명으로, 학업을 마친 전체 인원의 80% 이상이다. 이들 중 특히 2008년부터 입안되어 2009년부터 1차 모집을 시작한 '천인계획(千人計劃)'을 통해 귀국한 고급인재들은 6,074명에 이른다. 이 프로그램은 해외 유수대학의 박사 중 선발하며 중국에서 적어도 매년 6개월 이상 근무하는 의무를 주는 대신 국가공인전문가라는 호칭이 부여되고 프로그램에 따라 50-100만 RMB 규모의 생활보조금을 제공한다. 귀국 전 해외 근무지와 동일한 근무조건을 보장받을 수 있고 의료보험, 자녀교육 지원 등에 대한 혜택도 주어지며 연구자금도 따로 제공한다. '창장학자 장려계획(長江學者獎勵計劃)'을 통해 귀국한 인력도 1,094명에 이른다. 이 프로그램은 중국 교육부가 1998년부터 시작한 제도다. 이들은 중국 과학기술 분야에서도 활약하며 중국의 과학기술 혁신역량을 한 단계 높이고 있다.

양적으로 볼 수 있는 역량 성장에 힘입어 여러 과학기술 분야에서 실질적인 성과가 축적되고 있다. 가장 주목할 만한 분야는 양자역학이다. 먼저 2016년 중국은 세계 최초의 양자통신위성 모쯔(墨子)호를 16일 간쑤성 주취안 위성발사센터(酒泉衛星發射中心)에서 발사했다. 이를 통해 1,200km 이상의 거리에서 양자 얽힘(Quantum Entanglement) 이론을 증명했다. 지상 500km 궤도의 모쯔호에서 매초 800만 쌍의 광자를 생성해서 이 중 한 쌍을 칭하이성과 윈난성의 기지에 전송했고 기지에서는 이를 정확히 송신했다. 2005년 양자암호 시스템 개발을 목표로 국가프로젝트를 시작한 이후 이 프로젝트가 결실을 맺은 것이다. 중국은 완벽한 보안이 가능하고 도청이 되더라도 즉각 탐지가 가능한 암호통신시스템 개발을 추진할 수 있게 되었다. 수년간 많은 위성을 쏘아 올려서 구축한 베이더우(北斗) 위성위치확인시스템(GPS)과 연계해서 양자센서가 개발되면 중력이나 자기장, 이미지 등에 대해 초정밀 측정이 가능하다. 또한 중국은 2017년에 세계최초로 광양자(photon) 컴퓨터 개발을 발표했다. 양자컴퓨터는 반도체가 아닌 원자를 기억소자로 활용하며 슈퍼컴퓨터의 한계를 뛰어넘을 수 있는 미래형 컴퓨터다. 56비트로 된 비밀 암호를 무작위로 찾아내려면 기존 컴퓨터로는 1천 년이 걸리지만 양자컴퓨터를 이용하면 약 4분 만에 해결할 수 있다. 이러한 컴퓨터가 사이버전쟁에 활용되면 이 기술을 보유한 국가는 다른 국가를 쉽게 무력화시킬 수 있다. 양자컴퓨터가 신약개발, 유전자분석, 기상분석 등에 활용되면 과학기술 분야 전체의 패러다임이 바뀔 수 있다. 이 분야에서 중국은 미국과 치열한 과학기술경쟁을 벌이고 있다. 중국과학기술대학의 판지엔웨이(潘建偉) 교수와 그의 제자이자 동료인 루차오양(陸朝阳)은 이 분야 연구를 선도하고 있다.

중국은 인공지능 분야에서도 실질적인 성과를 축적하고 있다. 2017년 7월 중국은 인공지능굴기(人工智能的崛起) 정책을 발표하고 중국을 관통하는 인공지능망을 구축하고 있다. 중국은 14억의 인구가 있고 거의 대부분 성인들이 스마트폰으로 경제활동을 하고 있어서 막대한 양의 빅데이터가 계속 생산된다. 이를 활용하기 위해 중국은 기업들이 더욱 적극적으로 성과를 내고 있다. 알리바바(Alibaba)의 인공지능 플랫폼 'ET 브레인'은 의료, 항공, 환경, 제조업 등 다양한 산업에 활용될 수 있다. 또한 알리바바는 전체 작업의 70% 이상을 로봇이 처리하는 자동화 물류시스템을 구축했다. e커머스에 적용된 인공지능시스템은 고객들의 문의를 90% 이상 이해하고 상담을 처리하고 있다. 인공지능 기업으로 변신을 꾀하고 있는 바이두(Baidu)는 자율주행 플랫폼 'Apollo'와 인공지능 플랫폼 'DuerOS'를 선보였다. 중국 의료 분야의 혁신환경을 이용해서 텐센트 등 기업을 중심으로 인공지능 진단 기술이 발전하고 있다.

이 밖에도 바이오의료 일부 분야에서는 세계를 선도하는 수준에 올라 있고 자율주행 차세대자동차 분야의 상용화도 근접해 있다. 우주항공, 에너지, 나노과학, 그래핀소재 등 많은 분야에서 중국 과학기술은 뚜렷한 성과를 보이고 있으며 산업에서도 선진국을 빠르게 추격, 추월해가고 있다. 2015년에는 최초로 과학기술(생리의학) 분야 노벨상 수상자를 배출했으며 세계 각 국에 진출해 있는 젊은 중국 과학기술자들의 성과도 뛰어난 수준이다.

중국 과학기술 굴기와 대응

이러한 중국의 과학기술 굴기는 큰 세계적 반향을 불러일으키고 있다. 당장 미국은 이러한 중국의 부상을 견제하고자 하는 정치적 지도자가 대통령으로 당선되어 미중 갈등이 격화되고 있다. 미국은 중국의 지식재산권 침해에 대해 민감하게 반응하고 있으며 반도체 등 분야에서 기업의 인수합병 시도를 의회 결의를 통해 막고 있다. 기업거래를 중단시키거나 설비수출을 금지시키는 극단적인 조치를 취하기도 한다. 최근 미국은 또한 첨단 과학기술 분야 경쟁국으로 부상한 중국을 견제하기 위해 중국인 연구원이나 교수, 유학생 등에 대한 비자 발급을 엄격하게 제한할 조짐까지 보이고 있다. 실제로 학술 교류를 위해 미국을 방문하려는 중국인 교수나 학자가 비자 발급을 거부당하는 사례까지 발생하고 있다.

이러한 국제적 상황에서 우리나라의 대응은 매우 중요하다. 중국은 세계의 공장에서 세계의 R&D 센터로 변화하고 있고 이는 많은 과학기술 분야에서 우리나라보다 선도국으로 또한 몇몇 분야에서는 경쟁국 혹은 추격국으로 부상함을 의미한다. 중국은 우리에게 거대한 시장으로 산업 경쟁국으로 동아시아 정치외교적 동반자로 복합적인 의미를 가지고 있으며 중국에 대항해 경쟁만 할 수도 없고 중국과의 이상적인 협력만을 추구할 수도 없다. 그러므로 우선 우리나라의 과학기술 혁신 체제를 구축해야 한다. 이러한 목표는 미국과 중국 등 세계적 환경을 고려해야 하겠지만 근본적으로는 우리나라에 대한 성찰과 고민이 우선되어야 한다. 정치적 이해관계를 떠나 우리나라 과학기술의 역사적 발전과 경쟁 우위, 조직과 인력자원을 고려해서 자원배분의 효율성을 증대할 방법을 끊임없이 모색해야 한다. 또한 우리나라는 글로벌 혁신네트워크에 적극적으로 참여해서 기여하고 우리나라 과학기술 활동의 가치를 높여가야 한다(김석관 홍성범 외, 2011). 우리나라에서 외자기업이 적극적인 R&D 활동을 할 수 있도록 정부주도의 인프라 투자를 계속하고 여건을 조성해야 한다. 부상하는 중국의 R&D 센터를 활용하고 적극적으로 개입해서 우리나라의 과학기술 역량이 도태되지 않도록 해야 한다. •

• **노성호** | 칭화대학교에서 기술경제경영학으로 박사학위를 받았으며 주요 연구영역은 기술혁신, 창업활동, 개발경제학이다. 세종대학교 국제학부 중국통상학과에서 부교수로 재직 중이다. 주요 논문으로는 「중국 창업활동의 동태 고용효과」 등이 있다.

11장

에너지,
체제개혁과 대외개방의 간극

양철 성균관대학교 성균중국연구소

전 세계 최대의 에너지 소비국이자 수입국, 심각한 스모그를 초래하는 이웃… 한국이 보는 중국의 모습이다. 그러나 시선을 돌리면, 전 세계 최대의 신재생에너지 투자국이자 설비용량 보유국, 기술적 한계가 나타나고 있지만 전 세계 판매율의 45%를 차지하는 전기자동차대국, 전 세계 최대의 부유식 태양광발전단지를 조성하고 남중국해에 조만간 해상부유식 원전을 선보일 국가, 서울보다 공기가 맑은 베이징을 만들 수 있는 국가[1] 도 우리가 미처 인식하지 못한 중국의 모습이다. 수많은 공장의 굴뚝에서 매연을 내뿜는 모습도, 13억 인구를 통해 혁신적인 아이디어와 첨단기술

---

1   시카고대학 에너지정책연구소(EPIC)가 2013-2017년 중국 200개 이상 지역의 미세먼지 (PM2.5) 농도를 분석한 결과, 주요 도시들의 평균 미세먼지 농도가 4년 동안 30% 이상 감소한 것으로 나타남. 자세한 내용은 Michael Greenstone, Patrick Schwarz. *Is China Winning its War on Pollution?* AIR QUALITY LIFE INDEX™ UPDATE, MAR. 2018 를 참조.

을 쏟아내는 모습도 모두 중국이다. 개혁개방 이후 지난 40년 동안 에너지 부문에서 과연 어떠한 일들이 벌어졌기에 이처럼 극단적으로 대비되는 모습의 중국이 공존하고 있을까? 이러한 중국의 모습을 한국은 어떻게 바라보고 대처해야 할까? 지난 40년 동안의 개혁개방 정책과 전략에 이러한 의문에 대한 해답이 담겨 있다.

에너지 부문, 40년의 변화

개혁개방 이후 지난 40년 동안 중국의 GDP가 연평균 9.5%의 성장률로 급격하게 발전하는 과정에서 1차 에너지소비총량은 5.7억tce에서 44.9억tce로, 에너지생산총량은 6.3억tce에서 35.9억tce로, 발전설비용

그림 1. 1978-2017년 중국 GDP 및 1차 에너지 소비총량 변화 추이

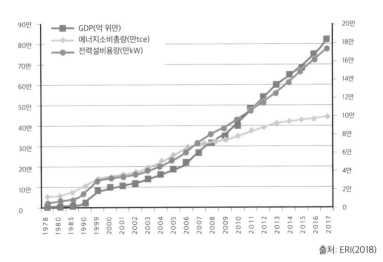

출처: ERI(2018)

그림 2. 1981-2016년 중국의 에너지 탄성치 변화 추이

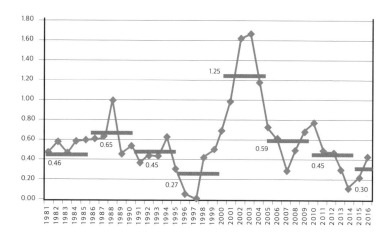

출처: ERI(2018)

량은 5,712만kW에서 177,793만kW로 각각 연평균 5.4%, 4.6%와 9.2%로 증가했다(그림 1 참조). 또한 에너지 소비 증가율과 경제성장률의 상관성을 나타내는 에너지 탄성치의 경우, 한때 1.5(2003-2004년)를 초과하기도 했지만 에너지체계의 전환을 추진함으로써 각 계획 기간 동안 각각 0.59(11·5 계획), 0.45(12·5 계획), 0.3(13·5 계획)까지 하락하는 등 지난 40년 동안 0.4-0.6 구간(선진국 0.5 이하)을 유지했다(〈그림 2〉 참조).

단위GDP당 에너지 소모량의 경우, 1978-2017년 연평균 3.7% 하락했다. 특히 11·5 계획과 12·5 계획 기간 동안 각각 19.3%(목표치 20% 수준)와 18.4%(목표치 16% 이상) 절감하는 등 에너지절약에서도 가시적인 성과를 나타냈다(국가통계국, 2018). 에너지소비구조의 경우, 석탄의 비중은 감소하고 신재생에너지의 비중이 증가하는 방향으로 전환하고 있다. 에너

그림 3. 1980-2017년 중국 에너지소비구조 변화 추이

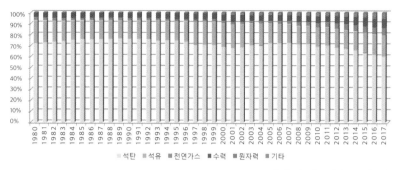

출처:『中國能源統計年鑑』(各年度)

지믹스에서 석탄의 비중은 1978년 70.7%에서 2017년 60.4%로 10.3%포인트 감소한 반면, 천연가스와 비화석에너지의 비중은 동 기간 동안 각각 3.8%포인트와 10.4%포인트 증가했다.

표 1. 2016년 국가별 전 세계 1차 에너지 소비 비중

국가	소비총량 (Mtoe)	비율(%)					
		원유	천연가스	석탄	원자력	수력	기타신재생
중국	3,053.0	19.0	6.2	61.8	1.6	8.6	2.8
미국	2,272.7	38.0	31.5	15.8	8.4	2.6	3.7
일본	445.3	41.4	22.5	26.9	0.9	4.1	4.2
독일	322.5	35.0	22.4	23.3	5.9	1.5	11.8
한국	286.2	42.7	14.3	28.5	12.8	0.2	1.5
러시아	673.9	22.0	52.2	13.0	6.6	6.3	0.0

출처: BP(2017)

그럼에도 불구하고 전 세계 주요 선진국과 비교해 여전히 1차 에너지의 비중이 높은 문제에 봉착해 있으며(〈그림 3〉, 〈표 1〉 참조) 전력 탄성치가 0.8-1.0 수준(선진국은 0.5-0.7)을 유지하는 등 경제성장에서 전력에 대한 의존도가 높은 문제를 안고 있다(ERI, 2018).

또한 전 세계 최대의 에너지생산국이지만 높은 대외의존도로 인해 에너지안보 역시 위협받고 있다. 2017년 중국의 에너지수입량은 8.7억tce로, 원유수입국으로 전환한 1993년부터 연평균 20.6%의 증가율을 기록하며 20년 만에 41.2배 증가했다. 특히 원유의 대외의존도는 1996년 1.4%에서 68.85%까지 상승했고, 천연가스는 2007년 2.0%에서 38.77%까지 상승했다. 문제는 주요 에너지원의 대외의존도가 여전히 증가추세를 나타내고 있다는 점이다.

공급구조를 개혁하라

개선이 필요한 문제점이 여전히 많지만 에너지 부문에서 중국은 괄목할 만한 성과를 선보이며 시대적 흐름에 부합하는 방향으로 나아가고 있다. 이는 에너지 부문에 대한 중국정부의 지속적인 개혁이 뒷받침되었기 때문이다. 계획경제 시기, 중국은 석탄 중심의 에너지 정책을 시행했다. 그러나 과도한 사용으로 공급량이 부족해지자 에너지 절약을 강조하는 동시에 에너지 소비구조의 전환을 위해 다른 에너지원의 인프라 구축 및 기술개발을 추진했다. 1978년 개혁개방과 함께 중국은 원유 생산량 1억 톤을 돌파했지만 탐사기술과 개발자금의 부족으로 생산력의 한계에 직면했다. 이에 중국은 1981년부터 외자기업의 기술과 자본 진입을 허가하는 정책을 시행하는 한편, CNOOC(중국해양석유총공사), Sinopec, CNPC 등 현재 중국을 이끄는 메이저기업을 연이어 설립하며 외자기업의 노하우를 전면적으로 받아들였다.

1990년대 들어서며 중국은 비합리적인 에너지구조와 전력공급의 불안정성이 경제발전과 민생안정을 저해하는 동시에 환경오염을 초래한다는 인식이 고조되며 에너지 구조의 개선을 위한 개혁조치를 중점적으로 추진했다. 2000년대 들어서며 급격한 경제성장으로 에너지원의 안정적인 공급이 중요해진 중국은 에너지안보의 개념을 제시하며 소위 공세적인 '에너지자원외교'를 적극 시행하는 한편, 대내적으로는 에너지절약과 효율적인 이용을 위한 체제 개혁을 모색했다.

2010년 이후, 심각한 환경오염에 직면한 중국은 에너지체제의 심도 있는 개혁을 추진했다. 지속가능한 발전노선과 현대화된 에너지체계 구축을 위해 중국은 에너지 관련 법률제도 구축, 시장체제 개선, 에너지 산업에 대한 관리 강화 등을 목표로 선정했다. 특히 지금까지 이어진 소비구조의 개혁뿐만 아니라 에너지를 공급하는 과정에서부터 혁명적인 개혁을 동시에 추진해야 한다는 인식으로의 전환이 나타난 것이 가장 두드러진 변화라고 할 수 있다.

2012년 제18차 당대회 업무보고에서 "에너지 생산과 소비 혁명 추진"이 최초로 제기된 이후, 2014년 6월 개최된 중앙재경영도소조 제6차 회의에서 시진핑 주석은 이를 재차 강조했다. 시진핑 주석은 "에너지 안보는 국가의 경제사회 발전과 연관된 전략적인 문제로, 이를 보장하기 위해서는 반드시 에너지 생산과 소비의 혁명을 추진해야 한다"고 언급하며 에너지 부문 '4대 혁명(소비, 공급, 기술, 체제)과 하나의 협력(일대일로)'의 필요성을 강조했다. 에너지 소비 혁명을 통해 불합리한 소비를 억제하는 동시에, 에너지 공급 혁명을 추진하여 다원화된 공급처를 확보하고 다양

표 2. 각 시기별 에너지 부문의 개혁을 위한 주요 정책 특징

시기	주요 특징
6·5 계획 (1981-1985)	- 에너지절약 강조 - 에너지 인프라 구축 및 기술 개발
7·5 계획 (1986-1990)	- 에너지공급 강조 - 경제특구 전력 수요 충당을 위한 원전 건설 및 전력망 구축
8·5 계획 (1991-1995)	- 최초로 신에너지 언급 - 환경오염에 대해 인식 → 에너지 소비 및 운송량 많은 업종을 에너지원이 풍부한 내륙 지역으로 이전
9·5 계획 (1996-2000)	- 에너지구조개선 제시 - 비합리적 에너지구조, 불균형한 지역분포, 전력공급의 불안정성이 경제발전과 민생안정을 저해한다고 지적 * 「중국의 에너지정책」(1997), 「에너지절약법」 공포(1997)
10·5 계획 (2001-2005)	- 에너지안보 개념 제시 → 안정적 공급노선 확보 방안 마련 - 에너지 구조의 최적화, 이용 효율 제고, 환경보호 강화 등 추진
11·5 계획 (2006-2010)	- 에너지 부문의 구체적 목표 제시(효율제고, 단위GDP당 소비 등) - 에너지절약 및 고효율 이용 강화를 정책노선으로 선정 - 환경 정책과 연계한 에너지 정책의 본격 추진
12·5 계획 (2011-2015)	- 지속가능한 발전노선 추구 제시(에너지절약+환경보호) - 에너지 생산 및 소비 방식의 전환 추진 → 다각적이고 청정한 발전, 에너지 개발 구도의 최적화 등 * 「중국의 에너지정책」(2012), 「에너지 발전 12·5 계획」(2013), 「에너지발전전략행동계획(2014-2020)」(2014)
13·5 계획 (2016-2020)	- 현대화된 에너지체계 구축 - 생활방식과 생산방식의 녹색화, 저탄소 수준 제고, 에너지 개발 및 이용 효율 제고, 에너지와 수자원의 소비, 건설부지, 탄소배출량의 효율적인 제어, 오염물질 배출량 감축 등 - 스마트 에너지체계 적극 구축

출처: 필자 정리

한 공급체계를 구축해야 한다는 최고 지도자의 강조사항은 이후 〈국가에너지발전전략행동계획(2014-2020)〉, 〈중국에너지안보전략〉, 〈에너지발전 13·5 계획〉 등에서도 가장 핵심적인 사안으로 포함되었다. 국가에너지국의 "2018년도 에너지 업무지도 의견"에서도 공급개혁 지속, 공급의 양적 성장에서 질적 성장으로의 전환, 청정에너지 확대 등 공급에 관한 내용이 가장 먼저 제시되었다는 점에서 향후 이러한 정책기조가 지속될 것으로 전망된다.

대외개방에 대한 인식의 간극

자국의 정세와 국제적인 추세에 따라 중국은 에너지 부문의 체제개혁을 추진해왔고, 이를 통해 가시적인 성과를 얻었다는 것이 대내외적으로 공통된 평가다. 단기적으로는 잠재된 문제점이 많이 발생할 것으로 예상되지만 장기적인 관점에서 보면, 에너지 소비가 감소하며 친환경사회를 실현할 수 있을 것이라는 전망도 보편적이다. 그러나 대외개방에 대해서는 평가가 엇갈린다. 대내적인 개혁만큼 대외적인 개방도 병행되었는지에 대한 질문에 대해 중국은 "그렇다"라며 긍정적으로 평가하지만 외부에서는 "아니다"라고 지적한다.

중국 역시 개방의 중요성을 잘 인지하고 있다. 시진핑 주석은 2017년 개최된 제19차 당대회는 물론 금년 4월 개최된 보아오(博鰲)아시아포럼, 하이난(海南)성 경제특구 30주년 기념식 등 다양한 장소에서 "문을 열어야 세계가 중국에 들어올 수 있고, 중국 역시 비로소 세계로 나아갈 수 있다", "개방 중에 협력이 있고, 협력을 통해 원원할 수 있다"며 개방의 중요성을 강조했다. 많은 전문가들도 개방이 국가 번영과 발전의 필수적인 노선이자 개방을 통해서 중국 대중들의 나날이 증가하는 아름다운 생활(美好生活)이라는 객관적 요구를 충족시킬 수 있다는 견해에 공감한다. 에너지 부문 역시 개방을 통해 국가의 에너지 안보를 확보할 수 있으며 선진적인 관리경험을 축적할 수 있을 뿐만 아니라 기술적 혁신을 증대할 수 있고 더욱 굳건한 에너지부대를 단련시킬 수 있다고 주장한다.[2]

그럼에도 불구하고 외부에서는 여전히 중국의 대외개방이 대내개혁과 같은 수준에 이르지 못하고 있음을 지적한다. 이는 대외개방에 대한 인식의 차이 때문이다. 중국이 에너지 부문에서 지속적으로 대외개방을 추진했고, 그 성과가 놀라울 정도로 확대되었다고 주장하는 근거는 에너지 수입과 국제협력의 증대에 있다. 지난 5월 인민일보는 다음과 같은 글을 통해 개혁개방 이후 중국이 에너지 분야에서 지속적으로 대외개방을 확대했다고 강조했다.

> 중국의 일반 대중들은 땔감, 쌀, 기름, 소금, 간장, 식초, 차를 생활에 필요한 일곱 가지 필수품(開門七件事, 柴米油鹽醬醋茶)으로 여기는데 그중에서도 땔감이 가장 앞에 있다. 땔감에서 석탄으로, 그리고 석유와 가스로 이어

---

2 中國教育新聞網, "對外經濟貿易大學新時代中國對外開放大講堂開課", 2018-09-14.
   http://www.jyb.cn/zcg/xwy/wzxw/201809/t20180914_1220814.html

지며 일상생활에서 에너지는 끊임없이 발전했다. 에너지가 발전한 배후에는 중국 에너지기업의 자립적이고 빠른 발전 이외에도, 에너지 부문의 국제협력과 대외개방이 있다.

이외에도 중국에서는 개혁개방 초기 호주에서만 액화천연가스(LNG)를 수입했지만 현재는 10여 개가 넘는 국가에서 LNG를 수입하는 등 원유를 포함해 에너지 수입노선이 다양해졌다는 점, 최근 5년 동안 56개의 국가와 양자 에너지협력 메커니즘을 구축했고, 29개의 다자 에너지협력에 참여하고 있으며 100여 개가 넘는 협력 양해각서를 체결했다는 점을 근거로 제시하며 대외개방이 확대되었다고 주장한다.

특히 '일대일로'를 대외개방으로 인식하는 견해가 주를 이룬다. '일대일로'를 "대외개방의 새로운 특징", "대외개방의 시대적 산물", "대외개방의 새로운 시대를 개시", "새로운 시대의 대외개방을 선도" 등으로 표현하며 '일대일로'와 대외개방을 등가(等價)로 인식하는 경향이 강하다. 실제로, 2005-2016년 중국의 '일대일로' 연선국에 대한 투자 가운데 에너지 부문에 대한 투자가 전체 투자의 40%를 차지하는 5,946.1억 달러였다. 또한 2013-2016년 말, 중국은 25개 연선국가에서 240여 개에 이르는 석탄화력발전소 사업에 참여하였고, 2015년까지 연선국과 8개의 신재생에너지 협력사업(200억 달러 규모)을 진행하였다.

그러나 에너지 수입노선의 다양화와 국제협력의 증대, 특히 타국에 대한 투자와 타국에서 진행되는 사업이 주요 특징인 '일대일로'를 대외개방의 범주에 포함할 수 있을까? 중국의 인식에서는 가능하다.

1997년 12월에 개최된 전국외자(外資)공작회의 대표단과의 접견에서 장쩌민 주석은 "'인진라이(引進來)'와 '저우추취(走出去)'는 중국의 대외개방 방침에서 긴밀히 연계되어 있을 뿐만 아니라 상호 촉진적인 분야로, 어느 하나라도 부족해서는 안 되며 이 지도사상은 반드시 명확해야 한다"고 언급했다.[3] 제17차 당대회 업무보고에도 "대외개방의 기본국책을 견지하고, '인진라이'와 '저우추취'를 더욱 잘 결합하여 개방 분야를 확대하고 개방구조를 최적화하며 개방의 품질을 제고함으로써 상호 호혜적이고 윈윈할 수 있으며 안전하고 효율이 높은 개방형 경제체계를 완비한다"고 명시되어 있다.[4]

　　문제는 현재 중국이 '저우추취' 정책만을 대외개방으로 간주하고 '인진라이' 정책의 병행을 간과했다는 점이다. 개혁개방과 함께 중국은 글로벌 에너지기업의 자본과 기술의 진입을 허용했다. 그러나 국제무대에서 자국경제가 차지하는 비중과 외환보유고가 증가하고 과학기술의 자주화가 점차 실현됨에 따라 더 이상 외국의 투자와 기술에 의존할 필요가 없게 된 중국은 '저우추취' 정책을 중점적으로 추진했고, 자국 산업의 보호라는 명분하에 '인진라이' 정책에 소극적인 행보를 보이며 해외 에너지기업의 중국 진입을 선별적으로 허용했다. 자국의 해외진출에는 적극적인 반면, 타국의 자국진입에는 소극적인, 즉 '저우추취' 정책과 '인

3　中共中央文獻編輯委員會, 『江澤民文選』, 第2卷, 人民出版社, 2006年版, p.92.

4　中國共産黨新聞, "胡錦濤在中國共産黨第十七次全國代表大會上的報告(全文)", 2007-10-25.

진라이' 정책에 대한 인식의 간극이 외부로부터 중국의 대외개방이 여전히 미진하다는 인식을 초래한 것이다.

예를 들어, 〈외상투자산업지도목록〉과 네거티브 리스트를 보면, 1995년 최초로 공포될 당시 석유화학산업은 중국업체가 과반 이상의 지분을 소유해야 하는 제한산업에 포함되었으나 제4차 개정(2011)으로 관련 제한이 폐지되었다. 이와 같이 네거티브 리스트의 항목이 점차 감소함에 따라 중국의 대외개방 수준이 제고되는 것과 같이 보이지만 실상은 여전히 외자 지분이 50% 이하인 합자투자만 사업이 승인되고, 에너지와 연계된 전력망, 희소광물, 원전 건설 등의 분야는 지금까지도 중국업체의 지분이 더 높아야 사업이 승인되는 상황이다. 또한 석유, 천연가스(석탄층가스, 셰일오일, 오일샌드, 셰일가스 등 제외)의 탐사 및 개발은 합자 및 합작에 한하고 있다. 셰일가스의 경우, 셰일가스 입찰에 합자기업의 참여가 가능해짐에 따라 엑슨모빌(Exxon Mobil), 셸(Shell), 토탈(Total), BP 등 메이저기업이 CNPC, Sinopec 등과 합자회사를 설립하여 중국 셰일가스 산업에 진출했다. 그러나 지배권은 중국기업이 가지고, 수출권과 소매권마저 소수 중국기업이 독점하는 등의 제한적인 대외개방은 메이저기업이 중국시장에서 철수하려는 여러 이유 중 하나가 되었다.

북한의 개혁개방에 대한 시사점

중국은 1978년 이후 현재까지 1,500여 개의 개혁조치를 단행만 반면, 대외개방은 여전히 제한적인 형태로 진행되고 있다. 중국이 WTO에 가입한 이후 미국이 중국에 개방을 더욱 확대해야 한다고 지적하고 문제를 제기하는 이유도, 중국의 대외개방이 여전히 미비한 수준이라는 외부의 지적도 여기에 있다. 에너지 부문의 개혁개방 역시 이러한 형태와 맥을 같이한다. 특히 외국기업의 중국 진입은 이에 미치지 못하고 있다. 해외진출과 시장개방이 불균형적인 중국의 대외개방 정책은 한국과의 에너지 협력을 일정 부분 제약할 뿐만 아니라 동북아 에너지협의체 구축에 발목을 잡는 요인이 된다.

한편, 북한은 김정은 집권 이후 개혁개방을 본격적으로 추진하고 있다. 대북제재의 영향도 있지만 북한 역시 중국과 유사하게 개혁은 적극적인 반면, 개방에는 신중한 태도를 보이고 있다. 북한이 중국이나 베트남, 싱가포르 모델이 아닌, 개혁과 개방이 균형적인 속도를 유지하는 북한식 모델을 추진할 때, 중국이 개혁개방 과정에서 초래된 문제를 답습하지 않을 뿐만 아니라 보다 안정적인 발전을 추진할 수 있을 것이다. ●

● **양철** | 중국인민대학교에서 외교학 박사학위를 받았으며, 주요 연구영역은 에너지 협력, 국제정치와 산업정책의 상관성 등이다. 중국인민대학교 국제에너지환경전략연구센터 위촉연구원을 역임했으며, 현재 성균관대학교 성균중국연구소에서 연구교수로 재직 중이다. 주요 논문으로 「동북아 질서 변화와 한중 협력에 관한 국제정치경제적 분석」 등이 있다.

CHINA

SOLUTION

사회

12장

중국 사회의 변화
-단위체제에서 사회관리로

백승욱 중앙대학교 사회학과

개혁개방 40년 동안 중국 인민들의 삶에 발생한 변화는 매우 크다. 그에 앞선 사회주의 시기의 변화가 거대했던 것에 비견할 만큼 개혁개방 이후의 변화 또한 컸다. 개혁개방 시기 중국사회의 변화는 앞선 사회주의 시기 형성되었던 제도나 관리의 틀이 어느 정도 유지되면서도 전에 없던 새로운 사회제도들이 형성되는 과정이었다는 점에서 독특한 복잡성을 보였다.

중국사회의 변화를 다루는 이 장의 글은 지식인, 도시화, 사회보장, 소비 네 측면에 초점을 맞출 것이다. 이 각론들의 이해를 돕기 위해 중국 사회변화를 개괄하는 이 서론 파트에서는 중국 사회변동의 여러 측면이 어떻게 맞물려 변화해왔는지를 조명하고자 하며, 이를 세 주제로 나누어 시기별 변천을 설명해보려 한다. 첫째, 사회주의 시기의 유산으로 남은 도농 이원화 체제는 어떻게 변화되었는가, 둘째로, 사회주의하 도시의 사회관리체제의 특징인 단위체제는 어떻게 해체되었는가, 셋째로, 지난 40여 년의 변화에 대해 중국 지식인들은 어떻게 평가했고 또 지식인들의 위상은 어떻게 변화되어 왔는가.

도농 이원화 구도는 달라졌는가

개혁개방 이전 사회주의 시기 중국은 도시와 농촌이 분리되어 존재한다는 특징을 지니고 있었다. 농촌에서 도시로 이동이 호구제도를 통해 강력하게 통제되었고, 도시에서의 취업 또한 계획에 따른 직업 배분을 통해 이루어지고 있어 농촌과 도시는 서로 맞물려 있으면서도 상이한 공간으로 격리되어 있었다. 개혁개방은 여러 차원에서 이 도농 이원화 체제를 허물게 되었는데, 그럼에도 불구하고 이 이원체제가 사라진 것이 아니라 새로운 방식으로 부활하였다는 점이 주목된다. 농촌과 도시 두 지역으로 나누어 변화를 살펴보기로 하자.

개혁개방 이전의 중국 농촌은 인민공사 체제로 개괄될 수 있으며, 이 체제는 인민공사-생산대대-생산대의 3급의 중첩된 구도로 이해될 수 있다. 명시적으로 1982년 헌법 수정에서 농촌의 기초조직으로서 인민공사를 명문화한 헌법문구가 삭제되었으며, 개혁개방 시기 농촌에서 농업생산의 방식은 인민공사가 해체되면서 농가생산책임제로 책임주체가 바뀌었고 행정단위 또한 향과 진을 복구시키는 방향의 변화가 있었다. 토지소유는 촌민위원회 집체소유로 남아 있지만, 도시로 이동하는 인구가 늘어나고 도시의 공간에 편입되는 농촌공간이 늘어나면서 이전에 없던 새로운 토지 문제가 출현하게 된다.

호별로 생산을 책임지는 가족생산 책임제의 도입과 수매가 인상으로 처음에 농촌 소득이 늘어난 효과를 잠시 보았지만, 1980년대 중반 이후에는 개혁개방의 성과가 연해 도시지역에 집중되면서 농촌과 도시의 소득 격차가 벌어지고 각종 기회도 도시에 집중되었다. 그럼에도 이런 도농 격차 문제가 한동안 불거지지 않았던 것은 농촌지역의 소도시(小城鎭) 건설 정책과 향진기업의 급속 발전이 맞물려 농촌지역 비농업 부문 취업기회가 확대된 결과였다. 향진기업의 성장은 소성진 정책, 향·진 행정조직의 활성화, 인민공사 하의 사대기업(社隊企業)의 유산, 동아시아 생산 네트워크와 연결된 가공무역 생산 수요의 증가 등이 복합적으로 작용한 결과였다.

그렇지만 농촌 내에서 취업기회 확대가 한계에 부딪히고 도시와 농촌 사이의 소득 및 기회 격차가 커지자 1989년 춘절을 계기로 상대적으로 저발전 농촌지역 노동자들인 '농민공'이 도시로 대거 유입되는 '농민공의 파도'(民工潮) 현상이 발생하였다. 이후 2000년대 중후반에 이르기까지 이 대규모 농민공 유입은 도시 공업화를 위한 저임금 노동력으로 활용되어 새로운 도농 이원체제를 지탱하였으며, 이들은 경기 부침에 따른 부담을 떠안는 존재로도 이용되었다. 그렇지만 첫 세대 농민공이 도시에 장기체류하면서 도시에서 태어나 자란 2세대 농민공이 형성되었는데, 이들 2세대 농민공은 앞선 세대와 달리 도시 노동자로서의 정체성을 강화하게 되고 권리의식 또한 신장되어, 그 결과 2000년대 후반부터 이들 2세대 농민공에 대한 정부의 정책에 변화가 발생한다.[1]

다음으로 도시 지역의 변화를 보면, 개혁개방의 진전은 엄격한 호구제도에 변화를 가져왔다. 호구를 이전하지 않고 '불법적'으로 도시에 진입한 농민공의 규모가 커짐에 따라 호구제도에 따른 통제의 힘도 약화되었고, 중소도시를 중심으로 호구통제 또한 완화되었다. 농민공을 포함한 유동인구가 집중된 새로운 대도시들(선전 같은 특구가 대표적이다)에서는 본래 거주자보다 압도적으로 많은 유동인구 중심으로 도시 활동이 이뤄지면서, 이들 유입인구를 관리해야 하는 새로운 제도가 필요해졌으며, 임시 거주증, 장기체류증 등 기존 호구제도의 틀을 벗어나는 새로운 정주자 관리 제도가 출현하고 이들 유입 인구를 위한 사회정책도 필요하게 되었다.

도시의 성장은 새로운 취업기회 증가를 동반했는데, 이 새로운 취업기회는 국유기업이나 집체기업 같은 기존의 계획 영역 바깥에서 집중적으로 등장했다. 사영기업, 외자기업, 개체호(자영업) 등이 새로운 취업기회 증가의 핵심 장소였다. 이런 새로운 흐름에 따라 기존의 도시-농촌 이원화 틀에 변화가 생겼을 뿐 아니라 이제는 이원체제가 도시 내로 이전되어서 노동자들을 분할시키며 작동하기도 했다. 가격 이중화 체제의 명칭을 본떠 이런 이중체제를 '쌍궤제(雙軌制)'라 불렀는데, 이 이원체제 하에서는 비공유제 기업의 경우 심지어 많은 노동자들에게 1994년 도입된 〈노동법〉이 제대로 적용되지 않는 일조차 비일비재했다.

유입인구가 늘어나면서 도시 공간 또한 새롭게 해체와 개발을 겪

---

1   이런 2세대 농민공은 농민보다는 노동자로서의 정체성을 갖게 되는데, 이에 대해서는 여도(뤼투), 『중국 신노동자의 형성』, 정규식 외 옮김, 나름북스, 2017과, 여도, 『중국 신노동자의 미래』, 정규식 외 옮김, 2018을 참고하라.

었다. 도시 중심부에 위치한 많은 국유기업 공장들이 교외 지역으로 이전하면서 공장이 위치한 국가 소유 부지를 비싼 값에 부동산 회사에 임대하고 그 수익으로 공장의 부채 문제를 해결하기도 했다. 그 반대효과로 도시 중심지역은 개발 수익을 극단화하려는 부동산 투자 기업의 경쟁이 심화한 결과, 주택가격과 임대료는 날로 상승하였다. 국유기업의 노동자 복지 제도가 변화하면서 무료로 배분하던 주택 또한 1998년경부터 상품주택 인수 방식으로 변화하게 되었고, 이는 공장 부지 이전과도 맞물려 도시에서 새로운 주택의 수요를 대대적으로 늘리게 되었다. 농민공 등 유입인구 또한 도시 외곽 지역에 상대적으로 값싼 주택 지역에 집단 거주하게 되면서, 이 지역의 주택 건립을 둘러싼 새로운 이해관계의 출현을 낳게 되었다.

도시 외곽이 팽창하면서 도시와 농촌 지역의 접경지역(城鄕結合部)의 개발 이익 귀속을 둘러싼 첨예한 갈등이 발생하게 되었고, 그 이익을 도시 정부가 수용할지 아니면 농촌 집체가 수용할지를 둘러싼 독특한 지역 정치가 등장하게 되었다.[2]

단위(單位)체제의 해체

개혁개방이 시작되기 이전의 중국 사회주의 체제의 농촌적 특징이 인민

---

2   도농 이원체제의 변화에 따른 중국 사회변화에 대해서는 잉싱, 『중국사회』, 장영석 옮김, 사회평론, 2017을 참고하라.

공사였다면 도시에 남겨진 유산은 단위체제였다. 단위체제는 탈집중적 경제구조의 결과 발생한 것으로 소속 직장인 단위가 고용뿐 아니라 생활 전반과 복지 및 행정업무까지 모두 책임지는, 분절되어 있으면서도 포괄성이 높은 사회관리체제였다. 이 단위체제의 특징이 강화된 것은 문화대혁명의 결과이기도 했는데, 공장 내에서의 노동자의 저항력이 커지고 관리자의 권한이 축소되었지만 새로운 관리방식의 대안이 형성된 것은 아닌 상황에서 노동자와 관리자의 권력이 어정쩡한 균형을 이룬, 노동규율이 상대적으로 이완된 체제가 단위체제였다.[3]

개혁개방이 사회구조에 가져온 변화의 함의는 이 단위체제의 해체와 관련해 가장 두드러졌다. 개혁개방의 주도세력은 단위체제가 비효율적이라고 비판했는데, 그 이유를 '단위가 사회를 책임지고 있는(單位辦社會)'데서 찾았다. 개혁개방의 핵심 목표 중 하나는 이런 단위체제를 해체하는 것이었는데, 그 방향은 세 가지로 집중되었다. 종신·완전 고용 구조를 허물고 고용의 유연성을 도입하는 것이 첫째이고, 중앙집중적으로 관리되는 임금제도를 허물고 기업 관리자가 개별 노동자에 대해 고과 평가를 강화할 수 있는 임금제도를 도입하는 것이 둘째, 그리고 단위복지의 틀을 허물어 사회복지를 상품화하거나 사회의 책임으로 이전하는 것이 세 번째 방향이었다. 1986년경부터 시작된 이런 변화가 정착되는 데는 오랜 시간이 걸렸다. 문화대혁명 시기로부터 물려받은 독특한 사회적

---

3   단위체제의 특징에 대해서는 백승욱, 『중국의 노동자와 노동정책: '단위체제'의 해체』, 문학과지성사, 2001을 참고하라.

세력관계가 그 원인이었는데, 안정적 고용의 지위를 누리고 있던 노동자 전체를 적으로 돌리는 개혁이란 1990년대 중반까지도 불가능해 보였다. 이 때문에 1990년대에는 주로 도시에 유입된 농민공을 활용하면서 노동계약제를 도입하는 방향으로 고용유연화가 추진되었다. 국유기업에 대한 본격적 구조조정이 시작된 것은 1998년경이며 이로부터 4년 정도의 시기에 집중적으로 대대적인 구조조정이 시행되었다. 그 결과 국유기업 노동자의 1/3 정도가 사실상 해고이지만 단위의 보조금을 받는 '면직(下崗)' 상태로 전락하였다.[4]

　　면직자가 늘어나면서 도시의 노동시장은 과거에 비해 노동자의 힘이 약화되고 고용주의 힘이 커지는 비대칭성이 두드러졌다. 단위체제의 보호 틀이 허물어지자, 도시 노동시장에는 단위에서 배출된 면직자, 농촌에서 유입된 농민공, 타지에서 일자리를 찾아 유입된 타 도시 호구 보유자 등 상이한 층의 경쟁자들이 늘어나 노동자의 힘은 약해지고 기업의 고용 권한은 커졌다. 이와 더불어 중국사회 계층 구성 또한 복잡해졌다. 사회주의 시기에는 노동자와 농민 두 계급으로 간소하게 존재했던 사회계급구조가 이제는 분화해 '10대계층'으로 세분화되는 사회구조를 만들어냈으며, 그중에서도 주목되는 것은 상당한 구매력을 확보하는 '중간계층'의 성장이었다. 그렇지만 다른 한편에서 사회의 관심으로부터 배제된 '약소군체'와 절대빈곤선 이하의 빈곤 집단 또한 증가하였다.

4　이 과정에 대해서는 백승욱, 세계화의 경계에 선 중국』, 창작과비평사, 2008과 장영석, 『지구화시대 중국의 노동관계』, 폴리테이아, 2007을 보라.

단위체제를 해체하고 단위 외부의 '자율적' 공간을 확대한 결과 도시 지역에서는 이제 더 이상 과거의 단위 체제 방식으로 사회를 관리하는 것이 힘들어졌다. 그렇지만 한동안 도시지역에는 과거 단위의 틀을 대체할 제대로 된 사회정책이 자리 잡지는 못했는데, 한편에서는 농민공이나 면직 노동자를 활용해 기업 비용을 절감하려는 정책 지향이 있었기 때문이며 다른 한편에서는 도시에 유입된 농민공에 대한 체계적 대응 정책이 마련되지 못했기 때문이었다.

국유기업 구조조정의 결과 파업과 시위 등 사회적 불만 표출이 늘어나고 또 농민공의 세대가 교체됨에 따라 2000년대 들어 후진타오 체제에서는 '조화사회론'이라는 구호하에 농민공에 대한 새로운 정책이 모색되기 시작했고, 이제 사회 전체를 포괄하는 새로운 사회정책의 필요성이 커졌다. 단위 대신 사구(社區)에 대한 관심과 강조가 등장하기 시작한 것도 이 무렵이었다.

이런 일련의 변화의 중요한 전환점은 2008년 도입된 〈노동계약법〉이었다. 이 법안의 의미는 그 전까지 '공안'의 관점에서만 관리되던 농민공에 대해 이제는 사회정책적 측면에서 접근하는 본격 대응이 시작되었다는 점이다. 〈노동계약법〉은 도시와 농촌으로 이원화되어 있던 노동시장 구조를 통일시키고 그에 이어 사회보장 방식에도 통일성을 높이려는 출발점이었다.

이런 사회정책의 변화는 2013년경부터 한 걸음 더 나아가 '사회관리' 또는 '사회치리(治理)'라는 방향으로 진전되었다. 개혁개방 시작기로부터 한동안은 "단위 외부 = 사회"라는 관점하에 단위체제를 허물고 대신 '사회'를 확장시키되 방임하는 정책을 취했다. 그러나 이처럼 확장된 '사회'에 대한 관리 역량에 의문이 생기고 각종 리스크가 커지면서, 이제 다시 당-정이 모든 '사회' 영역에 대한 관리 역량을 확장하려는 변화가 출현하였는데, 그 방향이 '사회치리'로 지칭되었다. 이는 중앙정부-말단 행정기구(사구 포함)-사회조직의 삼결합 방식으로 기층 사회의 각종 요구와 문제들에 사전 대응하는 통치 방식이라고 할 수 있다. 이는 복지서비스 제공과 더불어 빅데이터를 활용한 통제력을 강화하는 방향이 결합된, 더욱 조밀해진 사회통제 방식이 출현하고 있는 것이라고 할 수 있다.[5]

지식인 사회의 대응

중국의 사회변화에서 주목할 만한 분야는 지식인 사회의 변화다. 지식인들이 지난 40여 년의 변화를 어떻게 인식해왔는가도 중요하지만, 지식인들이 개혁개방 정책들 속에서 지위상에 어떤 변화를 겪고 있는지 또한 하나의 사회 현상으로서 주목할 만하다.

지식인의 변화는 세 시기로 나누어 차이를 비교해볼 수 있다.

1980년대 막 개혁개방이 시작되었을 때 지식인 담론은 개혁개방의 이념과 공조하는 특성을 보였는데, 특히 "문화대혁명의 철저 부정"이라는 방식으로 과거를 부정하는 것을 강조하는 특징을 보였다. 그 이

5 　최근 사회관리 정책의 변화 방향에 대해서는 백승욱·장영석·조문영·김판수, 「시진핑 시대 중국 사회건설과 사회관리」, 『현대중국연구』 17(1), 2015를 보라.

전 사회주의 시기를 '봉건적'으로 비판하고 계몽 정신을 강조하는 논점이 특징적이었다. 이런 관점은 그 거울상으로 서구제도와 자본주의 생산력에 대한 찬미로 이어질 수 있는 것이었고, 시야가 다분히 평면적이기도 했다. 그렇지만 1980년대가 '사상해방'의 시기였고 새로운 역동성이 축적되는 계기였다는 점을 부정하기는 어렵다. 1989년 천안문 시위의 탄압이 지식인 사회에 부정적 효과를 가져오긴 했지만, 사상해방의 누적된 효과는 1990년대까지도 이어져 힘을 발휘했다.

1990년대는 지식인계의 분화가 나타나는 시기였는데, 중국 발전 노선의 변화가 지식인 사회에도 변화를 초래하였기 때문이었다. 1990년대 중국 지식인계 논쟁을 주도한 담론은 '신자유주의'였다. 인문정신 논쟁에서 쟁점이 자본권력에 대한 비판으로 확장되었고 '신좌파'라 지칭되는 세력이 등장해 중국사회 성격과 전망에 대한 논쟁을 촉발한 것이 이 시기의 특징이었다.[6]

1990년대 지식인계에는 체제 '외부'에서 체제를 비판하는 서로 연결되면서도 상이한 입장들이 등장했다. 첫째, '신자유주의'라는 질문을 제기한 사람들은 노동과 세계시장 편입과 관련해 중국이 나가는 길을 비판했으며, 각종 격차와 불평등의 확대를 심각한 사회문제로 보았다. 1980년대가 몫을 함께 키운 시기였다면 1990년대는 몫의 나눔을 다투는 시기

---

6 1990년대 중국 지식인의 태도를 잘 보여주는 성과로 왕샤오밍, 「새로운 '이데올로기 지형'과 문화연구」, 임춘성·왕샤오밍 엮음, 『21세기 중국의 문화지도』, 현실문화, 2009 수록, 왕후이, 『새로운 아시아를 상상한다』, 이욱연 외 옮김, 창비, 2003, 추이즈위안, 『중국은 어디로 가고 있는가』, 장영석 옮김, 창비, 2003을 보라.

라고 이야기되었다. 대외적으로도 중국의 경제성장 모델이 과연 '종속'이라는 문제를 벗어나는가, 자본주의의 위험성에 올라타는 것은 아닌가라는 질문이 제기되었는데, 1997년 동아시아 경제위기가 발발하면서 이런 우려는 힘을 얻었다.

둘째, 중요한 문제로 '삼농문제(농업·농촌·농민 문제)'가 부각되기 시작했다. 개혁개방의 뒤안길에는 점차 확대되는 격차에 밀려나는 농촌지역의 문제가 있었고, 이는 도시로 대거 유입되는 농민공 문제로 확인되었다.

셋째, '약소군체' 문제가 부각되었는데, 과거 사회주의 시기 '주인공'으로까지 찬양받던 노동자계급이 이제는 약소군체로 전락하고 있었다. 또 단위복지체제가 해체되고 무관심 상태에 놓인 대상이 늘어나면서 빈곤과 기회 박탈을 겪는 복지의 사각지대가 커졌고, 기업 구조조정으로 해고와 실업 상태에 놓인 사람들의 수도 날로 늘어났다.

2002년 후진타오-원자바오 체제의 등장은 지식인계에 새로운 변화를 불러왔다. 1990년대 신자유주의 비판이라는 형태로 제기된 여러 비판이 당-정에 의해 수용되어 일종의 균형발전 모델로서 '과학적 발전관'의 입론 속에 포용되었고, 기존 정책의 비판자들 상당수가 싱크탱크에 참여해 직접 정책을 설계하거나 자문하는 책임 있는 자리에 들어가기 시작했다.

지식인계에 대한 정책이 점점 더 포섭의 성격을 띠게 되고 또 세계적으로 중국의 위상이 높아지면서 중국지식인들의 목소리는 비판으로부터 중국 '특색'에 대한 강조로 방향전환하기 시작한다. 2008년 베이징

올림픽 시기가 중요한 전환점이 되는데, 그 이후 '대국굴기'에 맞추어 서구적 보편성과는 다른 중국 특색의 보편성에 대한 모색이 커지고 있다. '초체계적 사회', '천하체계', 신유가, 자본축적의 백년사 등 여러 가지 방식으로 제기되는 지식계의 주장은 새로운 토론의 논점을 제기하긴 하지만 체제 비판의 공간을 점점 더 축소시키는 부정적 효과를 낳기도 한다.[7]

실용주의적·경제주의적 마르크스주의가 법가화한 유가와 기형적으로 결합할 가능성이 높아지고 있다고 할 수 있다. 지난 100년과 구분되는 '신시대'를 선언한 현 체제가 1919년 5·4운동과 쑨원의 '삼민주의'로부터 시작된 지난 한 세기의 사상과 정책적 자원을 더 확장하는 것인지 아니면 오히려 더 축소시키고 후퇴시키는 것인지 지켜보아야 할 것이다. ●

---

7   이런 변화의 방향을 보여주는 글이나 책으로 왕후이, 「중국 굴기의 경험과 그것이 직면한 도전」, 『탈정치 시대의 정치』, 성근제·김진공·이현정 옮김, 돌베개, 2014, 원톄쥔, 『백년의 급진』, 김진공 옮김, 돌베개, 2013, 자오팅양, 『천하체계』, 노승형 옮김, 길, 2010 등을 보라. 이에 대한 비판적 평가로는 백승욱, 「중국 지식인은 '중국굴기'를 어떻게 말하는가: 왕후이의 「중국굴기의 경험과 도전」에 부쳐」, 황해문화 72호, 2011, 조경란, 『국가, 유학, 지식인: 현대 중국의 보수주의와 민족주의』, 책세상, 2016을 보라.

●**백승욱** | 서울대학교에서 사회학 박사학위를 받았으며, 주요 연구영역은 중국의 사회변동, 특히 중국 문화대혁명과 중국의 노동체제 변화이다. 한신대학교 중국지역학과 조교수를 지냈으며, 현재는 중앙대학교 사회학과 교수로 재직 중이다. 주요 저서로『중국 문화대혁명과 정치의 아포리아』등이 있다.

13장

지식인 사회,
서구 재발견에서 중국 재발견으로

이욱연 서강대학교 중국문화학과

중국 근대의 세 가지 위기와 중국 지식인

아편전쟁(1840) 이후 중국은 세 가지 중첩된 위기에 직면하였다. 일반적인 차원에서 보자면 당시 중국의 위기는 전통사회가 근대화되는 과정에서 일어나는 보편적 위기의 성격을 지녔다. 하지만 이런 보편적 성격의 위기에 특수한 두 가지 위기가 중첩되었다. 민족의 위기와 문명사적 위기가 그것이다. 서구와 일본 제국주의 침략으로 준식민지 상태에 처한 민족위기, 그리고 중화문명이라는 독자적 문명체계가 흔들리는 중화문명사적 차원의 위기다. 중국 근대 위기가 중화문명의 문명사적 위기의 성격을 지닌다는 점은 다른 나라의 근대 위기와 구별되는 중국 근대 위기만의 고유한 특징이었다. 이러한 문명사적 위기는 중국 역사에서 처음 있는 일이었다. 몽고족과 만주족에 정복당할 때도 중화문명의 위기는 초래되지 않았다는 점에서 그렇다. 그만큼 중국 근대 위기는 중국인에게 심각한 것이었다. 범박하게 말하자면, 중국 근대 사회주의 운동에서부터 시진핑 시대의 '중국몽'에 이르기까지 중국 역사의 전개과정은 아편전쟁 이후 중국이 직면한 이러한 삼중의 위기를 극복하기 위한 과정이었다. 그리고 시진핑 시대에 이르러 중국공산당은 근대화(현대화)와 민족주의를 완성하는 것은 물론이고, 중화문명의 부활을 통해 중화문명이 과거처럼 세계에 확산되도록 하는 것, 이른바 중화문명의 재보편화를 달성하겠다고 약속하고 있다. 아편전쟁 이후 중국이 직면하였던 근대 삼중의 위기에 마침내 종지부를 찍을 것이라는 언명이다. 시진핑 정부가 말하는 중화민족의 부흥이란 바로 이러한 근대 세 가지 위기의 극복에 다름 아니다.

근본적으로 중국은 지식인의 나라다. 전통 시대에도 그러했고, 근현대 시기에도 그러했다. 지식인의 나라 중국에서 중국 지식인의 지적 고투와 지적 담론은 중국 근대의 삼중 위기에 대한 대응을 둘러싸고 전개되었다. 물론 중국공산당 역시 중국 근대 삼중의 위기에 대응하면서 그 극복을 위한 주도적 역할을 자임하였다. 중국 지식인은 그런 중국공산당과 때로는 하나가 되기도 하고 때로는 대립하기도 하였다. 이런 사정을 감안하면 근현대 중국에서 중국 지식인과 중국공산당 사이의 관계를 분석할 때, 관방/반관방이나 친공산당/반공산당이라는 양분법적 패러다임에 의지하여 양자의 관계를 해석하는 것은 분명 한계가 있다. 시기를 좁혀서 개방개혁 이후만 두고 보더라도 그렇다. 개혁개방 초기에 보이는 개혁개방 정권과 중국 지식인 사이에 협조적 관계가 등장한 배경, 그리고 1990년대에 양자 사이에 일어난 갈등과 협력의 관계, 그리고 2000년대 초반에 등장한 중국 지식인들의 친정부적, 친공산당적 태도는 근대 삼중의 위기를 극복하는 기나긴 과정에서 중국 지식인이 중국공산당의 정책을 어떻게 바라보느냐는 점과 밀접하게 관련되어 있다. 중국 지식인과 중국정부 및 중국공산당 사이의 관계를 분석할 때, 서구사회의 분석틀에 의지하여 집권당과 지식인 사이의 비판적, 혹은 친정부적 관계라는 차원에서 분석할 수 없는 중국적 특수성이 존재하는 것이다. 물론 이 특수성은 중국이 근대 위기의 복합성과 특수성, 그리고 그 위기를 극복해오는 과정에서 파생된 것이다. 중국 지식인 사회가 근대 이후 중국이 직면한 위기를 극복하기 위한 지적 실천을 경주하는 과정에서 중국공산당의 정책과 비전을 어떻게 평가하고 관계를 설정하느냐는 문제와 연관된다.

개혁개방 이후 40년 동안 중국 지식인 사회에서 지적 담론이 변화한 과정을 보면 그것을 여실히 알 수 있다. 흔히, 아편전쟁 이후 중국 지식인의 지적 실천이나 지식 담론을 두고 서구와 중국, 전통과 현대라는 네 축을 기준으로 평가하곤 한다. 그럴 때 개혁개방 이후 40년 동안은 그 네 축 사이에서 변화가 가장 컸던 시기였다. 당겨 요약하자면 1980년대에는 서구와 현대 축으로 기울었고, 2000년대 이후에는 중국과 전통의 축으로 기울고 있다. 개혁개방 40년 기간에 이러한 변화가 일어난 근본적인 배경은 무엇인가? 이에 대한 답을 중국 지식인들이 지식인다운 비판적 정신을 지니고 있는지의 여부나 중국 지식인의 타락 여부, 혹은 중국공산당의 중국 지식인에 대한 강압이나 회유 등에서 찾는 것은 지엽적인 접근법이다. 이런 것들은 부수적인 요소들이다. 근본적인 배경은 중국 근대 삼중의 위기를 극복하기 위한 전망과 전략에서 기인하였다. 예를 들어, 개혁개방 초기인 1980년대는 서구화와 현대화를 통해 부강한 중국을 이루어 다시 세계 중심으로 복귀하여 중국이 근대 이후 직면한 위기를 극복하려 한데 비해, 2000년대 이후에는 중국 전통과 중국의 특수한 방책(solution), 중국적 경로를 통해 근대 삼중의 위기를 극복하고 세계 중심에 복귀하려는 것이다. 근대 삼중의 위기 극복을 통해 중국이 다시 전통시대와 같은 세계 중심 국가가 되기를 갈망하는 중화민족적 욕망은 개혁개방 40년 동안 중국 지식인이나 중국공산당 모두가 공유하던 것이다. 이런 차원에서 보자면 중화의 부흥을 목표로 한 '중국몽(中國夢)'은 비단 중국 공산당만의 꿈이 아니라 중국 지식인의 꿈이기도 하다.

1980년대, 현대화와 서구화의 길

시진핑이 2017년 헌법을 개정하면서 자신의 시대를 '새 시대'라고 정의하면서 이전 시대와 선을 그었듯이, 문화대혁명(1966-1976)이 끝난 뒤 덩샤오핑이 이끄는 개혁개방 정권도 자신의 시대를 '사회주의 신시대'라고 정의하면서 마오쩌둥 사회주의와 선을 그었다. 그들은 마오쩌둥 사회주의를 봉건사회주의라고 불렀고 자신들은 봉건주의를 청산하고 현대화를 이루겠다고 했다. 이런 개혁개방파의 현실인식을 가장 앞서서 지지하고 이를 정당화시킨 사람들이 마오쩌둥 시대에 농촌이나 산간벽지에서 강제로 혹은 자발적으로 지식인 개조 운동에 참여하였던 지식인이었다.

　　1980년대 중국 지식인의 시대인식을 보여주는 대표적인 경우가 1980년대 중국 지성을 대표하는 인물 중의 하나인 리쩌허우(李澤厚)의 중국 사회주의에 대한 비판적 검토였다. 유명한 '구망, 즉 민족해방이 계몽을 압도했다는(救亡壓倒啓蒙)' 주장이다. 문화대혁명이 끝난 현실에서 볼 때, 반제국주의 민족혁명만 성공을 거두고 반봉건 과제, 즉 계몽의 과제는 해결하지 못한 채 봉건적인 것이 청산되지 않았다는 리쩌허우의 진단은 근현대사의 전개과정에 대한 매우 정치적이고 이데올로기적인 언설이었다. 리쩌허우의 진단은, 천밍(陳明)의 회고대로, "1980년대 중국인들의 사상과 의식 속에 내재되어 있던 공통적 인식을 반영한", 1980년대 중국 지식인들의 시대정신이었다. 이러한 인식 속에서 1980년대 과제가 분명하게 설정되었다. 중단된 계몽의 과제를 완수하는 것, 즉 근대화(현대화)를 실현하는 것이었다. 리쩌허우에 따르면 중국이 봉건주의에서 바로 사회주의로 이행하면서 자본주의 단계를 건너뛰었고 이로 인해 마오쩌둥 시대 중국 사회주의는 봉건주의와 사회주의가 결합한 '봉건사회주의'였다고 비판하였다. 때문에 이제 자본주의 단계를 거치는 것, 그의 표현에 따르면 '자본주의 세례'를 거치는 게 필요하다는 것이다. 이는 부르주아 근대 세계의 가치체계를 중국에 이식하는 것으로, 1980년대 중국에서 다시 한 번 계몽 운동을 일으켜야 한다는 인식이다. 근대 초기인 1919년 5·4 당시와 같은 계몽과제가 다시 떠올랐고, 제2의 5·4시대, 신계몽주의 시대가 열린 것이다.

이렇게 계몽이 다시 시대과제로 설정되면서 중국 지식인들은 계몽자로서의 지위와 역할을 자임하게 된다. 계몽을 매개로 하여 지식인과 인민 사이에 수직적 위계질서가 구축되었고, 중국 지식인은 중국인을 계몽시키고 계몽을 전파하는 역할을 자임하였다. 마오쩌둥 시대에 중국 지식인은 인민에게 배워서 자신을 개조하고 재탄생해야 하는 대상이었지만 이제 역사적 전환점을 맞은 것이다. 인민의 앞에 서서 인민을 이끄는 계몽의 주체의 지위와 역할을 회복한 것이다. 이처럼 계몽주의 지식인이라는 정체성과 지위, 역할 속에서 1980년대 중국 지식인은 하나가 되었다. 계몽과 현대화가 지적 담론의 핵심 주제가 되면서 중국 근대성의 특징적 담론체계인 〈중국 대 서구〉,〈전통 대 근대〉라는 이원대립적 구도가 1980년대 중국 지식인들의 역사 및 현실인식으로 다시 부상하였다. 이로 인해 자연스럽게 1980년대 중국 지식인 사회에서 중국은 봉건적이고, 낙후되었으며, 전근대이고, 반면에 서구는 현대 혹은 후현대에 있고, 진보이자 빛이라는 양분법적 인식이 대표적인 지적 담론이 되었다. 1980년대는 5·4시대에 이은 신계몽주의 시대이자 지식인의 시대였고, '새로운 전면적 서구화(新全盤西化)'의 시대였다.

그런데 마오쩌둥 사회주의를 봉건주의로 규정한 가운데 현대화를 추구하는 1980년대 중국 지식인들의 신계몽주의적 지적 경향은 덩샤오핑 개방정권의 정책 방향과 흐름을 같이하는 것이었다. 물론 1980년대 후반에 이르러, 서구화 현대화를 정치에까지 확장하려는 일부 지식인들과 달리 주로 경제적 차원에 한정하려는 중국공산당 사이에 파열이 일어났다. 하지만 크게 보자면 1980년대 중국 지식인 사회와 덩샤오핑 개혁개방 정권 사이에는 일종의 공동의 역사인식, 시대인식을 바탕으로 한 지적 담론 차원의 협조 관계가 형성되어 있었다. 1980년대 신계몽주의 지식인들은 덩샤오핑 정권이 추진하는 개혁개방과 사회주의 현대화 정책에 이데올로기적 기초를 제공하였고, 개혁개방 정책이 '진정한 마르크스주의'의 실천이라고 지적 작업을 통해 정당화했다. 당시 지식인들의 정치적 의도 여부와는 상관없이, 이런 지적 경향은 개혁개방 정책에 합법성을 부여하고 그것을 대중적으로 확산시키는 문화적이자 정치적 역할을 수행한 것이었다. 1980년대 중국 지식인들이 5·4 시기와 같은 계몽적 지위와 역할을 회복하고, 오랜 주변적 위치를 청산하고 정치와 문화, 문학에서 중심으로 선 데에는 마오쩌둥 시대에 대한 비판과 현대화 목표를 개혁개방 정권과 공유한 데 힘입은 바 크다.

시장화 시대 분화하는 지식인 대오(隊伍)

1990년대 이후 중국 지식인은 역설적이게도 자신들이 그토록 염원하였던 현대화로 인해 자신의 계몽적 지위를 잃었다. 사회주의 시장경제가 도입되고 시장화, 상업화, 세속화가 진행되고, 소비문화의 확산, 대중시대의 개막, 대중매체의 보급 등으로 지식인은 빠르게 주변으로 내몰렸다. 사회변화를 주도하는 것은 지식인이 아니라 시장이었고, 여론의 주체는 미디어가 되었다. 그런 가운데 마오쩌둥 사회주의를 봉건주의 사회주의라고 비판하면서 계몽주의 목표를 공유하면서 단일한 정체성과 대오를 이루었던 1980년대 중국 지식인 사회에도 분화가 일어났다. 1990년대 중국 지식인 사회는 분화와 논쟁의 시대였다. 보수와 급진 논쟁, 인문정신 논쟁, 포스트모더니즘 논쟁, 탈식민주의 논쟁, 민족주의 논쟁, 신좌파와 자유주의 논쟁, 후스(胡適)와 루쉰(魯迅) 논쟁 등등 수많은 논쟁이 일어날 정도로, 중국 지식인 사회에 활발하고 다양한 지적 담론이 분출하였다.

　　1990년대 중국 지식인 사회에 분화와 논쟁이 일어난 배경은 크게 둘이었다. 하나는 시장화를 어떻게 볼 것이냐는 것, 다른 하나는 중국 미래 전망의 차이 때문이었다. 이 둘은 서로 결합되어 있었다. 예를 들어 자유주의 지식인들은 마오쩌둥 사회주의 시대의 잔재를 극복하고 시장화를 통해 자유주의를 확대해나가는 방향에서 중국의 미래를 구상하였다. 서구화와 현대화를 하나의 보편의 길로 상정한 것이다. 이에 비해 신좌파 지식인들은 시장을 견제할 것을 주장하고 마오쩌둥 사회주의 시대의 유산을 재평가하는 가운데 중국의 미래를 구상하였다. 서구의 길이 아닌 중국의 길을 강조하고 중국 현대성(modernity)을 추구하려고 했다. 자유주의자들은 후스를 비롯한 근현대 자유주의 지식인 계보를 다시 세우고 혁명이 아니라 개량을 추구한 지적 전통을 다시 발굴하려고 하는 반면에 신좌파들은 루쉰을 비롯한 근대 혁명 지식인의 지적 계보를 다시 세우려 했다.

　　중국 근현대사에서 일어난 지식인 사회의 여러 논쟁이 대체로 그러하였듯이, 1990년대 중국 지식인 사회의 논쟁은 단순한 이론 차원의 지적 논쟁이 아니었다. 사회주의 시장경제를 추진하는 중국공산당과 중국 정부의 정책을 겨냥한 매우 실천적이고 정치적인 논쟁이었다. 후진타오 집권 후반기에 중국공산당이 일부 좌파적인 정책을 도입한 것은 중국 지식인 사회의 논쟁과 신좌파를 비롯한 중국 지식인 사회의 비판이 일정하게 작용한 결과다.

　　시장을 둘러싼 지적 담론이나 논쟁과 더불어 1990년대 중국 지식인의 정체성에도 변화가 일어났다. 1990년대 비약적인 경제성장을 통해 중국 국력이 크게 신장되고, 다른 한편으로는 중국과 미국, 중국과 서구 사이에 대립이 심해지는 가운데, 이것이 중국 지식인의 정체성에 영향을 주었다. 쉬뻰(徐賁)의 지적대로, 1980년대 대다수 지식인들이 '나는 누구인가(我是誰)'라고 묻는 가운데 자기 정체성을 찾았다면, 1990년대는 '우리는 누구인가(我們是誰)'라는 물음 속에서 자기 정체성을 모색한 것이다. 자신을 중국 민족문화와 일치시키면서 민족의 일원이라는 집단적 정체성을 추구하면서 중국 민족문화의 가치를 재발견하고 재구성하는 데서 자신의 지적 활동을 전개한 것이다.

이런 정체성 변화 속에서 포스트 모더니스트 지식인과 탈식민주의자들은 1995년부터 서구적 기원을 지닌 현대성(modernity)을 추구하는 데서 벗어나서 '중화성(中華性)'을 발굴해야 한다고 주장하였다. 1990년대 초에 태동하여 중반부터 중국 전통 학문을 재발굴하는 국학 열기가 확산된 것도 이런 흐름의 반영이다. 국학운동은 나중에는 중국정부의 정책적 개입 속에서 관방 프로젝트로 추진되지만, 처음에는 지식인 사회의 자발적 지적 운동으로 추동되었다. 1980년대 개혁개방부터 시작하여 2010년대 '중국의 꿈'(中國夢)이 제기되는 시점까지 중국 지식인 사회의 지적 관심과 지적 조류를 놓고 볼 때, 1990년대 중국 지식인 사회의 지적 담론은 서구와 현대 중심축에서 중국과 전통으로 중심축이 이동하는 전환점이자, 과도기였다.

중국적인 것의 가치를 재발견하는 지적 열풍

후진타오 시대(2002-2012)와 더불어 시작된 21세기 초반, 중국 지식인의 정체성 형성에 가장 중요한 배경이 된 것은 중국이 G2대국으로 부상한 점이었다. 미국을 비롯한 서구 세계가 2008년 이후 금융 위기의 수렁에 빠진 데 비해, 중국은 베이징 올림픽(2008)과 상하이엑스포(2010) 등의 초대형 행사를 성공적으로 개최하고 원촨(汶川) 대지진(2008)의 참사를 효과적으로 극복하는가 하면 경제성장을 지속하면서 중국정부의 능력과 체제의 안정성을 입증하였다. 정치 역시 지속적인 제도화를 이루면서, 체제가 이전보다 훨씬 안정을 찾았다. 이런 분위기 속에서 중국 지식인들 사이에 중국의 미래에 대한 조심스러운 낙관적 분위기, 중국문화와 중국전통, 중국의 길에 대한 믿음과 자신감이 서서히 커져갔다. 아편전쟁(1840) 이후 서구와 일본 제국주의 침략으로 인해 중국이 겪었던 민족적 굴욕감은 중국인의 의식에 뿌리 깊은 상처로 자리한 민족적 트라우마(national trauma) 다. 그런데 후진타오 시대는 그러한 민족적 트라우마인 민족적 치욕감에서 벗어나고 민족적 자긍심을 회복해가는 전환점이 마련된 시기다. 중국 지식인들이 보기에 중국 근대 삼중의 위기를 극복할 전망이 보이기 시작한 것이다.

이러한 시대배경 속에서 2000년대 들어 중국 지식인들은 중국의 역사 경험과 중국의 가치, 유교 사상, 중국 근대성 등 중국적인 것을 재발견하기 시작하였다. '중국적인 것'의 재발견에서 자신들의 새로운 정체성을 찾은 것이다. 중국의 부상이 세계가 공인하는 사실이 된 가운데, 부상한 중국이 어디로 갈 것인지, 세계 대국으로서 중국은 어떤 문명적 가치를 세계에 전시할 것인지 등이 중국 지식인들의 주요 지적 관심사가 되었다. 중국 가치와 중국 사상, 중국 모델, 중국성(Chineseness) 등이 지식인들의 담론에 화두로 등장하는 가운데 서구 근대의 보편성을 부정하면서 중국적인 것을 어떻게 보편의 지평으로 끌어올릴 것인지가 중국 지식인의 주요 지적 담론이 된 것이다.

2000년대 중국 지식인 사회에서 중국을 재발견하는 사상 조류는 크게 나누자면 세 갈래다. 1) 서구 근대성에 대한 비판을 바탕으로 한 중국 근대성(현대성)의 재발견 2) 중국 전통 사상과 유교의 재발견 3) 중국 전통적 질서와 사회원리, 중국 역사 경험을 재발견 하는 흐름 등이다. 이들 사상 조류의 공통된 특징은 서구 근대의 보편성을 해체하고 중국의 특수한 경험을 보편의 지평으로 상승시키려는 데 있다. 과거 특수성으로 여겨지던 중국적인 것을 서구 근대와는 다른 또 하나의 문명 수준으로 상승시키려고 하는 것이다. 21세기 초의 중국 지식인 사회는 중국 전통에 대한 재발견을 통해 서구의 이념에 도전하고 있고, 이런 가운데 반서구 근대와 전통주의가 결합하는 양상을 보이고 있다.

1990년대 중후반부터 싹이 터서 G2대국으로 부상한 21세기 초에 본격화된 중국 지식인 사회의 중국 재발견이라는 사상 흐름은 서구 근대를 보편으로 상정하는 보편론의 이론적 토대를 해체하는 작업과 중국을 문명국가로 재발견하는 두 가지 작업이 바탕을 이루고 있다. 서구 근대를 '보편 문명'에서 '특수한 문화'로 해체, 하강시키는 작업과 더불어 중국적인 것을 '특수 문화'에서 '보편 문명'으로 재구성, 상승시키는 작업이 동시에 진행된 것이다. 중국 가치와 중국 전통시대, 중국 근현대의 역사

경험 등이 갖는 보편적 의미, 혹은 문명론적 의미를 강조하기 위한 일종의 이론적 토대 작업인 셈이다. 이는 크게 보면, 중국을 문명국가로서 재발견하는 지적 모색 속에서 이루어지고 있다. 중국을 민족국가에서 문명국가로 재발견하는 한편, 중국문명을 다시 보편화시키려는 지적 모색인 것이다. 그리고 이 지점에서 2000년대 이후 중국 지식인 사회의 지적 담론은 중국공산당이 내걸고 있는 중국몽의 실현이라는 민족주의 기획과 만난다. 2000년대 이후 중국 지식인 사회가 민족주의 혹은 국가주의로 기울고, 이로 인해 중국 지식인이 타락하고 있다고 일컬어지는 주요 배경이 여기에 있다.

개혁개방이 시작된 때부터 중국이 G2대국으로 부상한 현재까지 중국과 서구, 전통과 근대라는 네 축이 중국 지식인들의 사고를 좌우하였다고 할 때, 2000년대 상황을 보면 중국 지식인 사회에서 중국 지식인의 정체성은 서구 지향에서 중국으로 귀환하는 '유서반중'(由西返中)의 방향으로 변화했다. 1980년대에 보이던 서구에 대한 일종의 과잉 경도에서 1990년대에는 중국이 서구와 다르다는 인식과 서구 근대가 절대적 이상이 아니라는 인식 단계를 거쳤고, 이어 2000년대 들어서는 문명론적 차원에서 서구 근대를 비판하고 중국 가치와 중국 역사, 중국문화를 재발견하는 것이다. 이른바 '중국성'을 재발견하고 있는 것이다. 서구와 중국, 근대, 전통이라는 네 축을 기준으로 보자면 2000년대 이후 중국 지식인 사회는 서구와 근대 축에서 갈수록 중국과 전통 축으로 이동하고 있다. 중국정부나 중국공산당만이 아니라 2000년대 중국 지식인 사회 역시 중국의 미래 청사진을 그리면서 중국적인 것을 다시 부활시키는, 이른바 과거로 돌아가는 방식을 통해 미래로 나아가고 있는 것이다.

개혁개방 40년 동안 중국 지식인의 지적 담론은 중국 현실의 변화만큼이나 급격한 변화를 보였다. 이러한 중국 지식인의 지적 경향에 대한 판단은 다양하게 엇갈릴 수 있다. 중국 지식인이 갈수록 비판성을 잃고 있다고 볼 수도 있고, 갈수록 서구와 근대 보편의 가치에서 일탈하여 중국적인 특수한 가치에 매몰되고 있다고 비판할 수도 있다. 물론 반대의 평가도 가능하다. 중국 지식들 사이에서 서구 근대 가치와 근대 제도에 매몰되지 않은 채 대안적 근대성과 대안적 문명을 꿈꾸는 문명론적 사고가 강해지고 있다고 평가할 수도 있다. 여러 다양한 평가에도 불구하고 한 가지 분명한 것은 중국 지식인들이 40년 동안 꾸준히 중국 현실을 변혁하기 위해 치열한 지적 작업을 해왔다는 점이다. 지적 분파는 다르지만, 자신이 발 딛고 있는 현실과 박투하면서 자신의 사상을 만들고, 새로운 중국, 새로운 세상을 만들기 위해 진지하게 고민하는 지적 실천의 자세는 개혁개방 40년 동안 시종일관이었다. 신좌파든 자유주의 우파든, 문화보수주의자이건 서구주의자이건 민족주의자이건, 이들은 중국의 미래를 고민하면서 단순한 이론적 차원을 넘어 중국 현실을 변혁하기 위해서 나름의 사상적 입장에 따라 치열하게 지적 실천을 경주해 왔다. 지식인으로서 중국 현실에 대한 책임을 자임하고 국가와 민족의 미래를 고민하는 소명의식 속에서 현실에 적극적으로 개입하고 현실을 변화시키려는 지적 실천을 계속해온 것이다. 이는 개혁개방 40년 동안 중국이 큰 성취를 거둘 수 있었던 중요한 토대이자 동력이었다. 중국이 지식인의 나라라는 것은 전통시대나 지금이나 마찬가지라는 것을 지식인 스스로가 증명한 지난 40년이었다고 하겠다. 하지만 그 전통이 중화민족의 부흥을 실현하겠다는 향후 40년 동안에도 꾸준히 전개될지, 의미 있는 주목거리가 아닐 수 없다. ●

● **이욱연** | 고려대학교 중문과를 졸업하고 같은 대학에서 박사학위를 받았다. 중국현대문학과 문화를 연구하며, 현재 서강대 중국문화학과 교수로 재직 중이며, 서강대 중국연구소 소장을 맡고 있다. 주요 저서로 『포스트 사회주의 시대 중국 지성』 등이 있다.

14장

세 번의 도시화

김도경 한국교원대학교 중국어교육과

개혁개방 이후 중국의 도시화는 시기에 따라 적어도 세 가지 서로 다른 양상으로 구분될 수 있다. 개혁개방 직후부터 1990년대 중반까지 있었던 지방 소도시 중심의 도시화가 첫 번째라면, 2000년대 들어 본격적으로 추진되었던 도시개발 위주의 도시화가 그 두 번째다. 그리고 현재 시진핑 정부가 적극 장려하고 있는 인구 도시화가 마지막 버전에 해당된다.

그런데 도시화라는 현상은 노동력과 자본의 지리적 집중이 핵심이기 때문에, 일단 시작되면 이를 조정하거나 되돌리기가 대단히 어렵다. 속도와 강도에서 차이가 있을 수는 있어도, 시기에 따라 도시화의 양상을 바꾸는 것은 생각만큼 쉬운 일이 아니다. 그럼에도 중국의 도시가 그처럼 손쉽게(?) 변신을 거듭했다는 사실은 그것이 어떻게 가능했는지에 대한 궁금증을 자아낸다. 중국의 도시화는 여타 개발도상국과 질적으로 다른 현상이었을까? 만약 그렇다면, 그것은 어떻게 달랐고, 그 차이는 어디서 비롯된 것이었을까? 중국 도시화의 역사적 맥락을 다시 한번 살펴

볼 필요가 있다.

이 글은 중국의 도시화가 중국의 사회경제적 환경 변화 속에서 자연스럽게 형성된 결과물임을 강조하고자 한다. 이전의 많은 연구들은 중국의 도시화가 중국공산당의 기획 속에서 진행되었다는 점을 부각시켰다. 그 기본적인 성격을 하향식(top-down) 사업으로 규정하고, 지방정부의 행정 명령이나 자원 동원력을 강조했던 것이다. 그러나 적어도 처음 두 번의 도시화는 중국의 사회경제적 환경 변화에서 비롯된 측면이 강하다. 개별 사안에 있어서는 하향식 성격이 도드라질 수 있지만, 전체적인 맥락에서는 중국의 독특한 사회경제적 환경 변화가 중국 도시화의 양상을 바꾸었다. 그 독특한 사회경제적 환경의 중심에 바로 중국의 도농 이원구조와 농민공 집단이 자리하고 있다.

향진기업의 편재와 지방 소도시의 대규모 출현

잘 알려진 사실이지만, 1970년대 중반 장쑤성 남부의 '농촌' 지역에 공장이 등장하기 시작하였다. 몇 가지 우호적인 환경이 조성되었기 때문인데, 우선 당시 중국에서 가장 산업이 발달했던 상하이가 그곳에 인접해 있었다. 상하이의 산업 기지로 부품을 납품할 수 있는 기회가 그 지역에 많았던 것이다. 게다가 당시 중국 농촌에는 향진정부가 사용할 수 있는 집체 소유의 건설용지가 상당했다. 그 부지에 건물을 지었고, 상하이의 산업 기지에서 옛 기계 설비들도 들여왔다. 부족한 기술은 '일요일의 엔지니어'라는 방식으로 해결했다. 상하이의 엔지니어들을 일상 업무 이외의 시간에 초빙해 기술이전을 시도했다. 이런 식으로 장쑤 남부의 농촌 공장들은 하루가 다르게 성장했다. 그리고 이 공장들은 하나의 성장모델이 되어 중국 전역으로 보급되었다. 이것이 바로 1980년대 중국경제를 이끌었던 향진기업이다.

1980년대 중국 농촌은 향진기업이 성장할 수 있는 대단히 유리한 환경을 갖추고 있었다. 예를 들어, 중국의 1980년대는 판매자 우위의 시대였다. 당시 중국은 심각한 물자 부족을 겪고 있었고, 따라서 시장과의 연계가 문제일 수는 있어도 시장의 수요가 문제일 수는 없었다. 게다가 향진기업은 중국 농촌에게 새로운 시도가 아니었다. 모리스 마이스너도 지적한 적 있지만, 인민공사 시대의 제철이나 비료, 화학 공장 등이 1980년대 향진기업 시대에 다시 활용되었다. 더 중요한 사실은 노동력 하나만큼은 여전히 풍부했다는 점이다. 농번기와 농한기의 구분이 있었을 뿐 아니라, 농번기라 하더라도 경작지에 비하면 노동력은 언제나 여유가 있었다. 자연스럽게, 노동력과 자본이 지방 소도시로 집중되었다. 농민들은 인근의 향진기업에서 부업 활동을 전개하였고, 향(鄕)과 진(鎭)의 건설용지에는 새로운 건물이 계속 지어졌다.

중공중앙은 이러한 사회경제적 환경 변화에 발맞춰 지방 소도시 중심의 도시화를 제창했다. 예를 들어, 1980년대 초부터 1990년대 중반까지 진행되었던 세 번의 5개년 계획은 모두 대도시에 대한 엄격한 통제와 지방 소도시의 발전을 강조했다. 제6차 5개년 계획은 "대도시의 규모를 통제하고, 합리적으로 중등도시를 발전시키며, 적극적으로 소도시를 발전"시켜야 한다고 말했다. 제7차 5개년 계획 역시 "대도시의 과도한 팽

그림 1. 개혁개방 이후 지급시, 현급시, 진의 증가 추이

단위: 개

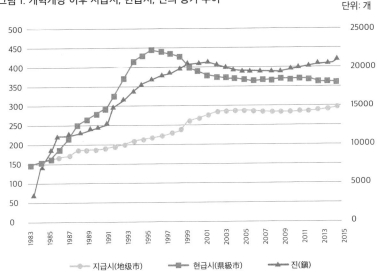

창을 저지하고, 중·소도시와 소성진의 발전에 중점"을 둬야 한다고 강조했다. 제8차 5개년 계획은 더 명확했다. "대도시의 규모를 엄격히 통제하고, 중등도시와 소도시를 합리적으로 발전시키며, 향진기업에 근거하여 합리적인 배치와 편리한 교통, 그리고 지방 특색의 신형 향진을 건설해야 한다."

　　결과적으로, 이 시기의 도시화는 지방 소도시의 양적 증가로 이어졌다. 현(縣)급 이하의 지방 소도시 수가 향진기업의 전국적인 유행 속에서 급격하게 늘어났던 것이다. 〈그림 1〉에서 알 수 있는 것처럼, 진(鎭)은 1980년대 초만 하더라도 3,000개가 채 되지 않았다. 그러나 1990년대 말이 되면, 그 수는 20,000개 가까이로 늘어났다. 현(縣)급시도 1980년대 초에는 140여 개에 불과했지만, 1990년대 중반에는 400개를 넘어서기도 했다. 지급 시의 증가 추이와 비교해보면, 그 증가세가 얼마나 폭발적이었는지를 짐작할 수 있다.

주의해야 할 사실은 이러한 도시화가 도시인구의 급증을 의미하지는 않는다는 점이다. 지방 소도시의 양적 증가는 도시 주민의 급증으로 이어지지 않았다. 농촌 주민들은 주기적 이동을 통해 부수입을 올렸을 뿐, 지방 소도시에 정착한 것이 아니었다. 아니 정확하게 말하자면, 정착할 수 없었다. 농업 후커우와 비농업 후커우의 구분이 살아 있었고, 따라서 농촌 주민이 도시에 정착하는 것은 당시의 환경에서는 대단히 어려운 일이었다. 그리고 바로 이러한 상황 때문에 1990년대 중반 이후 중국의 도시화가 완전히 새로운 양상을 띨 수 있었다.

도시개발의 시대, 그리고 농민공 집단의 형성

1990년대 중반 이후 중국의 사회경제적 환경에 다시 한번 큰 변화가 일어났다. 우선 판매자 우위의 시대가 저물고 구매자 우위의 시대가 열렸다. 향진기업의 난립은 동종 업종 간의 경쟁을 심화시켰고, 그에 따라 연해지역의 일부 대자본을 제외하면 대부분의 향진기업이 도태되고 말았다. 원톄쥔(溫鐵軍)이 지적했던 것처럼, 중국은 1990년대 중반에 이미 공급과잉의 상태에 처해 있었다. 게다가 1990년대 말 한국을 비롯한 몇몇 아시아 국가에 금융위기가 발생했다. 중국정부는 강력한 경기부양책을 모색하기 시작하였고, 그 해답을 도시 주택의 상품화에서 찾았다. 이전까지 도시 주택은 복지 차원에서 현물로 제공되었는데, 1998년을 기점으로 이를 임금 상승분으로 대체했다. 결과적으로, 중국에 처음으로 주택시장이 만들어지게 되었고, 자연스럽게 중국 전역에 건설 붐(boom)이 일어났다.

이러한 건설 붐에는 지방정부의 '토지재정'도 한몫했다. 1994년의 분세제(分稅制) 개혁 이후 중국의 지방정부들은 세수를 확보하는 데 상당한 어려움을 겪고 있었다. 게다가 1990년대 말 재정과 금융을 분리시키는 제도개혁이 이뤄지면서, 그들은 더 이상 예전처럼 은행을 통해 재정을 확보할 수도 없었다. 결국 지방정부들은 토지를 활용해 재정을 마련하기 시작하였다. 특히 도시개발은 토지수용 과정에서 상당한 수익을 가져다주었을 뿐 아니라 영업세와 같은 세수 증대에도 효과적이었다. 2000년대 중국의 경제성장이 대부분 고정자산투자에서 비롯되었다는 사실을 이 맥락에서 상기하면 좋을 것이다.

이와 같은 사회경제적 환경 변화 속에서 중국의 도시화 역시 완전히 다른 양상으로 나아갔다. 첫째, 대도시를 중심으로 하는 도시개발이 활발하게 이루어졌다. 어떤 경우에는 도시인구의 증가율과 상관없이, 개발 자체가 목적이 되기도 했다. 〈그림 2〉에서 나타나듯, 2000년대 중반에 도시인구의 증가율은 계속 떨어지고 있었는데, 개발면적의 증가율은 그에 아랑곳하지 않은 채 요동쳤다. '토지재정'을 확보할 수 있었고 지방 GDP를 견인할 수 있었기 때문에, 개발 자체가 선(善)이 되었던 것이다. 중국의 중서부 지역에 유령 도시가 많은 이유는 기본적으로 이와 관련되어 있다.

그림 2. 개혁개방 이후 도시인구증가율, 도시개발면적증가율 추이

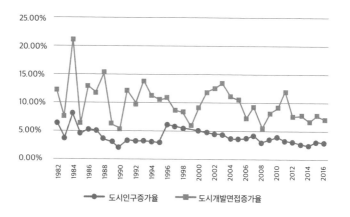

출처: 『2016 中國城市建設統計年監』

둘째, 대도시를 중심으로 '농민공'이라는 새로운 사회집단이 출현했다. 물론 관점에 따라서는 이를 도시인구의 증가라고 해석할 수도 있다. 실제로 2000년대 초만 하더라도 많은 사람들은 '농민공'을 도시인구로 이해했다. 그러나 지금의 시점에서 돌아보면, 당시의 '농민공'이 과연 도시인구에 포함될 수 있는지 애매하다. 가장 큰 이유는 앞선 시기 향진기업에서 일했던 농민들과 기본적으로 그 성격이 동일했기 때문이다. 가족 전체가 도시로 이주했던 것이 아니라 가족 중 일부만 도시로 이주했다. 집과 경작지는 여전히 농촌에 있었고, 농업 활동을 통한 소득도 존재했다. 따라서 대도시에서의 임금 활동은 차라리 부업에 가까웠다. 한 가지 차이가 있다면, 이전 시기에는 대부분 근거리 이동이었는데, 이제는 원거리 이동이 되면서 대도시에 거주하는 시간이 길어졌다는 것뿐이었다.

'농민공'을 도시인구가 아니라 새로운 사회집단으로 봐야 할 필요성은 2008년의 경험을 통해서 더 명확해졌다. 2008년 세계금융위기가 발생하였을 때, 광둥성 등지의 많은 제조업 공장들이 문을 닫았다. 그리고 그 여파로 2,000만 명에 달하는 농민공이 실업 상태에 처하고 말았다. 당시 해외 매체는 말할 것도 없고 중국의 주요 매체들도 광둥지방의 대규모 실업 사태가 중국에 적잖은 사회적 혼란을 야기할 것이라 예상했다. 그러나 예상과 달리, 사회 혼란은 중국에 일어나지 않았다. 왜냐하면 실업에 처한 농민공들이 모두 자신의 집과 경작지가 있는 고향으로 돌아갔기 때문이다. 경기 불황으로 실업에 처한 사람들이 도시를 떠났다면, 그들을 더 이상 일반적인 도시인구로 간주해서는 안 된다. 그들이 만약 도시인구였다면, 실업에 처했을 때 그들은 노숙자가 되거나 빈민굴로 갔어야 했다.

농민공의 분화와 호적인구 도시화율의 급상승

지금까지의 설명을 통해 어느 정도 짐작할 수 있겠지만, 2000년대 말까지도 중국의 도시화는 기본적으로 도시인구의 증가와 별 상관이 없는 사회현상이었다. 일종의 아이러니라고도 할 수 있는데, 도시의 수도 늘고 도시개발 면적도 늘었는데, 그리고 겉으로 보기에는 도시인구도 많이 늘었는데, 정작 실제 도시인구는 그다지 늘지 않았다. '농민공'의 주기적인 이동(특히 춘절)과 귀향 가능성을 인정한다면, 그들은 기껏해야 유동인구

그림 3. 2010년 이후 중국 호적인구 도시화율 추이

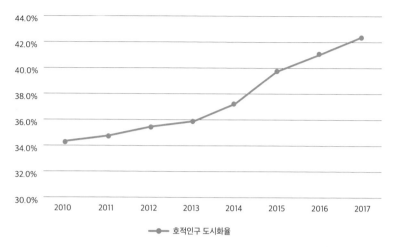

출처: 중국통계공보

혹은 반(半)도시인구일 뿐, 진정한 도시인구가 아니다. 개혁개방 이후 중국 도시화율이 보여주었던 도시인구의 급증은 사실 신기루에 지나지 않는다.

　　이러한 현상이 나타난 이유는 '농민공'의 삶의 터전이 여전히 농촌에 있기 때문이다. 2010년도 농촌 가구의 소득원을 살펴보면, 소득의 47%가 농업 활동에서 비롯되었고 41%는 임금 활동에서 비롯되었다. 즉 농가 소득의 절반이 여전히 농업 활동에서 만들어졌다. 게다가 임금 활동에서 비롯된 소득이 도시 생활을 영위하는 데 사용되지도 않았다. 대부분 고향 농촌 주택을 개량하는 데 사용되거나, 혹은 고향 농촌의 각종 경조사를 챙기는 데 사용되었다. 임금 소득의 최종 종착지가 여전히 농

촌이었다. 몸은 도시에 있을지 모르지만, '농민공'은 스스로를 도시 주민으로 생각하지 않았다.

그런데 최근 이 '농민공' 집단에 분화의 조짐이 나타나고 있다. 세대별, 이동거리별, 지역별, 민족별로 대단히 이질적인 농민공들이 나타나고 있는 것이다. 특히 강조되어야 할 것은 세대별 분화다. 이른바 신세대 농민공으로 불리는 이들에 주목할 필요가 있는데, 그들은 대부분 중학교 이상의 학력을 가졌고, 농촌에서 태어났지만 경작 경험을 전혀 가지고 있지 않다. 그리고 가장 중요한 것은, 그들은 가능한 도시에 정착하려 한다. 단적인 예로, 신세대 농민공들은 결혼 후 고향 농촌의 집체로부터 주택 부지를 제공받을 수 있는 권리를 가지고 있지만, 그럼에도 그들은 대부분 고향 근처 소도시의 주택을 장만하려 애쓰고 있다.

결국 현재 중국의 도시화는 다시 한번 변신의 과정에 있다. 도시 정착이 가능한 사람, 혹은 도시 정착의 의지가 강한 사람들이 진정한 도시 주민으로 거듭나고 있다. '농민공' 집단을 사실상 없애고 있는 것이다. '호적인구 도시화율'이라는 용어가 이를 뒷받침해주고 있는데, 2000년대만 하더라도 중국에서 도시화율은 상주인구를 기준으로 평가되었다. 그러나 '135 규획'을 기점으로 호적인구 기준의 도시화율이 다시 부각되고 있다. 주기적 이동과 귀향 가능성을 내포한 유동인구로는 중국의 도시화율을 정확하게 묘사하기가 어렵다고 본 것이다.

최근 몇 년 간의 호적인구 도시화율은 놀라울 정도로 빠르게 상승하고 있다. 〈그림 3〉에서 알 수 있는 것처럼, 2010년 인구센서스 당시의 호적인구 도시화율은 34% 수준이었는데, 2017년에는 42%를 넘어선 것으로 추산되고 있다.

이러한 상황은 중공중앙의 이해관계와도 맞아떨어지는 면이 있다. 시진핑 시기의 중공중앙은 국내 소비 시장의 확대에 안간힘을 쓰고 있는데, 이를 위해서는 도시인구의 증가가 필수적이다. 도시와 농촌의 소비 수준이 기본적으로 다르기 때문에, 내수시장을 확대하려면 기본적으로 도시인구가 늘어나야 한다. 게다가 '향촌 진흥'이나 '농업 현대화'를 위해서도 농촌인구는 가능한 많이 도시로 이주해야 한다. 농업에 종사하는 인구가 줄어들어야 농업생산성이 올라갈 수 있고, 그래야 농업 분야에서 규모의 경영이 달성될 수 있다.

급진적인 도시화의 가능성

한 가지 의문점은 지금 진행되고 있는 인구 도시화가 정말 중국의 사회경제적 환경 변화에서 비롯된 것인가다. 앞에서도 간략하게 언급했지만, 이전의 두 차례 도시화는 기본적으로 사회경제적 환경 변화에 따라 취해진 불가피한 선택이었다. 향진기업이 중국의 경제성장을 주도하였을 때 지방 소도시의 수가 늘어난 것은 어찌 보면 너무나 당연한 것이다. 경기부양책이 등장하고 주택시장이 형성되고 있는데, 부동산 개발 외에 다른 무엇을 상상하는 것은 차라리 어리석다.

그러나 지금의 인구 도시화는 그 상황이 좀 모호하다. 왜냐하면 현재 중국의 농촌 주민은 호적과 상관없이 얼마든지 도시로 나갈 수 있기 때문이다. 그들이 도시에서 직장을 구하고 거주지를 마련하는 데 호적은 중요한 변수가 아니다. 농민공이 도시에 있다고 해서 예전처럼 그들을 호적 소재지로 송환하지도 않는다. 단지 도시에서 안정적인 소득원을 마련할 수 있는지, 혹은 도시에 안정적인 거주지를 마련할 수 있는지가 관건일 뿐이다. 요컨대 호적은 농촌 주민이 도시로 가는 데 아무런 장애가 되지 않는다.

　　오히려 현재 호적은 도시 자본이 농촌으로 진입하는 것을 막고 있다. 부동산 개발이 한창이었던 2000년대에도 도시 거주자들은 도시 근교 농촌의 토지를 선점할 수 없었다. 왜냐하면 호적제도가 그들의 토지 시장 진입을 막았기 때문이다. 따라서 지금의 호적제도를 농촌 주민의 억압 기제로만 이해하는 것은 오해에 가깝다. 조사에 따르면, 농촌 주민의 2/3 이상이 호적을 바꿔야 할 필요성을 못 느끼고 있다. 농촌 주민의 도시 이주는 가능한데 도시 자본의 농촌 이주가 불가능하다면, 호적제도는 차라리 시장에서 농촌 주민을 보호하는 제도라고 봐야 한다. 도시 자본의 활동 반경을 제한하는 그 지점에서 호적제도가 위력을 발휘하고 있다.

　　그럼에도 '호적인구 도시화율' 등에 집착하게 되면 도시화가 급진적인 경향을 띨 수 있다. 소득원과 거주지가 준비되지 않았는데, 농촌 주민의 도시 정착을 종용하거나 재촉하는 일이 나타날 수 있다. 그리고 정말 그렇게 된다면, 그들이 시장경쟁에서 실패했을 경우, 혹은 2008년과 같은 경제 위기가 찾아왔을 경우, 그들은 물러날 곳이 없게 된다. 허쉐펑(賀雪峰)이 지적했던 것처럼, 중국에서 농촌은 농민공의 퇴로이고, 중국 경제의 안전판이다. 그런데 만약 급진적인 경향 속에서 '농민공' 집단을 없애버린다면, 중국에서 농촌은 이전과 같은 퇴로나 안전판으로 기능할 수 없게 된다. 다시 한번 강조하지만, 도시화는 일단 시작되면 그것을 조정하거나 되돌리기가 대단히 어렵다. ●

● 김도경 | 푸단대학교에서 사회학 박사학위를 받았으며, 주요 연구영역은 중국의 사회문화, 특히 체제 전환 중 중국사회에 나타나고 있는 다양한 변화에 초점을 맞추고 있다. 중앙대학교에서 박사 후 연수를 진행했으며, 이후 성균중국연구소 연구교수를 거쳐 현재 한국교원대학교 중국어교육과 조교수로 재직 중이다. 주요 저서로 『탈향과 귀향 사이에서』(역서), 『도시로 읽는 현대 중국』(공저) 등이 있다.

15장

사회보장제도 개혁, 포용성 성장의 기반

서운석 보훈교육연구원

중국 사회보장제도 내용과 주요 강조사항

개혁개방 이후 40년 동안 중국이 달라졌다는 평가에 대해서는 이론(異論)
이 없을 것이다. 끊임없이 개혁하고 개방하면서 경제는 고속으로 성장했
고, 이에 따라 중국국민들의 삶의 질도 확연히 나아졌다. 빈곤에 허덕이
던 국가에서 이제는 G2라고까지 불리며 명실상부한 중진국 국가로 성
장했다. 개혁개방 40주년을 맞아 중국이 거둔 성과들을 나열하자면 매
우 긴 문장이 되겠지만 이 중 대표적으로 하나를 예로 들자면 빈곤퇴치
가 될 수 있을 것이다. 중국 관영 언론의 자평을 보더라도 이는 두드러지
는 성과라고 하겠다. 이와 관련하여 중국 당국의 발표를 보면 1978년 말
7억 7,000만 명에 육박하던 빈곤인구는 2017년 말 기준 3,046만 명으로
줄었다. 지난 개혁개방 40년간 매년 약 1,900만 명이 가난에서 벗어나 새
로운 삶으로 변화하였다는 의미다. 중국의 개혁개방 40년은 빈곤에서 벗
어나는 문을 열었고, 국민들의 삶의 질을 점점 더 나아지게 하도록 새롭

게 뜯어고치는 과정이었다고 해석한다.

　이런 중국 개혁개방 40년의 성과는 질병, 재해, 실직 따위의 어려움에 처한 사회 성원들의 생활을 국가가 공공 지원을 통하여 해결해 주는 제도인 사회보장과도 매우 밀접한 관계가 있을 수밖에 없다. 사회보장의 일반적 정의는 국민의 기본적 욕구 중에서 주로 빈곤·실업·질병과 같은 사회적 위험을 예방하고 치료하기 위한 정부의 입법과 조직적 행정을 들 수 있다. 즉, 사회보장은 모든 국민에게 최저생활을 확보하며, 국민 생활을 안정시키고자 하는 것이다. 그러나 사회보장이라는 용어는 원래 논쟁적인 요소를 많이 내포하고 있기 때문에 모두가 동의할 수 있는 용어의 정의가 없는 상황이다. 그럼으로 각국의 사정에 따라 정의와 내용이 달라질 수 있는데, 중국의 경우에는 헌법에서 이에 대한 정의를 내리고 있다. 이를 보면 "공민은 노후, 질병 혹은 노동능력을 잃었을 경우 정부와 사회로부터 물질적 원조를 받을 권리가 있다. 정부와 사회는 상이군인(傷痍軍人)의 생활을 보장하고 혁명 및 국가를 위해서 목숨을 바친 사람들의 유족을 구제하며 군인가족을 우대한다. 정부와 사회는 시각·청각·언어장애자 및 그 외의 장애가 있는 공민을 도와 취업, 생활, 교육을 받을 수 있도록 한다"고 규정하고 있다. 헌법의 이러한 규정이 중국 사회보장의 기본개념을 내포하고 있다고 할 수 있을 것이다.

　사회보장의 정의와 관련하여 사회적 위험과 이에 대한 프로그램을 중심으로 나누어보면, 크게 다음 네 가지의 기능으로 나눌 수 있다. 이러한 기능은 보호기능, 소득재분배기능, 생산성기능, 사회·정치적 기능 등이다. 이는 다시 두 가지 관점으로 집약할 수 있는데, 그중 하나는 넓은 뜻으로 해석하여 사회보장을 소득의 재분배라는 입장에서 파악하는 경우이고, 다른 하나는 사회보장을 소득의 보장이라는 좁은 뜻으로 파악하는 경우다. 중국의 현행 제도는 사회보장을 좁은 뜻의 개념으로 파악하여 사회보험·공적부조 및 사회복지서비스의 세 가지를 중심으로 사회보장을 이해하고 있다. 그리고 현재 중국의 사회보장 체계는 사회보험, 공공부조, 사회복지서비스, 보훈복지, 보충보장 등 5대 하위체계로 구성되어 있다. 이 중 먼저 사회보험이란 국민에게 발생하는 사회적 위험을 보험의 방식으로 대처함으로써 국민의 건강과 소득을 보장하는 제도를 말한다. 다음으로 공공부조란 국가와 지방정부의 책임하에 생활유지 능력이 없거나 생활이 어려운 국민의 최저생활을 보장하고 자립을 지원하는 제도를 말한다. 그리고 사회복지서비스란 국가·지방정부 및 민간 부문의 도움이 필요한 모든 국민에게 복지, 보건의료, 교육, 고용, 주거, 문화, 환경 등의 분야에서 인간다운 생활을 보장하고, 상담, 재활, 돌봄, 정보의 제공, 관련 시설의 이용, 역량 개발, 사회참여 지원 등을 통하여 국민의 삶의 질이 향상되도록 지원하는 제도를 말한다. 마지막으로 보충보장에는 기업연금 등 직업복지, 보충형 의료보험, 민간보험 등이 포함된다.

사회보장제도 발전은 위에서도 일부 언급하였듯이 사회발전과 연관하여 다른 부문과 밀접한 관련이 있는 분야다. 이에 따라 중국 지도부는 분야별로 특별히 강조하는 사항이 있다. 사회보장과 관련해서는 민생 분야가 이에 해당하는데, 이 분야의 강조사항으로는 사회보장제도 개선과 의료 및 복지제도 개선이라는 주제로 정리할 수 있다.

이와 관련하여 중국은 변화된 대내외 환경을 고려하여 성장과 분배의 조화를 통한 중국의 구조적 문제 해결 및 체질 개선을 위해 새로운 전략을 제시하고 있다고 할 수 있다. 이 중에서도 핵심은 신형도시화와 소득재분배가 특히 강조되고 있다. 신형도시화는 도시화를 통해 소비를 확대하고 내수성장을 유도함으로써 이가 다시 도시화의 질을 제고하는 데 목적을 두고 있다. 향후 도시화율을 2020년에 60%에 이르게 하는 것을 목표로 제시하고 있다. 이러한 목표는 도시의 외연적 확장은 지양하고 질적인 성장을 지향함으로써 환경, 생태, 효율을 중시하는 지능형도시 건설을 강조하는 것이 특징이라고 할 수 있겠다. 이와 더불어 신형도시화가 추구하는 목적은 농촌주민의 실질적 도시민화 및 도시화를 통한 소비 진작의 토대를 마련하는 것이다. 그러나 이런 목적을 달성하기 위해서는 호구제도 및 사회보장제도 개선이 전제 조건이 됨을 알 수 있다. 여기에서 특히 소득분배 개혁을 위한 사회보장제도 개선이 나올 수밖에 없다. 소득분배 개혁은 국민소득에서 가계소득 및 노동소득 분배 몫을 늘림으로써 나라는 부강해지지만 국민은 가난해지는 딜레마를 해소하는 것이 중점이 된다. 이러한 난제를 해결하기 위해 2020년까지 도시·농촌 주민의 가계 실질소득을 2010년의 2배로 증대하고, 저소득층 임금 인상, 중등소득계층 확대, 고소득층 임금상승 억제 등을 추구하고 있다. 그리고 이를 위한 정책적 수단으로는 최저임금 표준을 도시노동자 평균임금의 40% 이상으로 제고하고, 누진세율이 적용되는 개인소득세 과세 대상을 제반 소득으로 확대하는 등의 조처를 실행하고 있다.

사회보장제도 개혁 관련 주요 환경 분석

중국은 개혁개방 이후 연평균 10%의 고도성장을 구가하며 2010년에는 세계 제2위의 경제대국으로 부상하였다. 그러나 최근 들어서는 경제성장률 감소와 경제·사회 구조적 모순이 누적되면서 성장잠재력이 저하되고 있으며, 급기야는 중등소득 함정에 빠질 수도 있다는 걱정과 우려를 받고 있기도 하다. 특히 대내적으로는 투자 위주 성장전략에 따른 과잉투자 및 투자효율성 저하, 도농 간·지역 간 소득불평등 확대, 생산가능인구 감소에 따른 성장잠재력 저하, 지방정부 부채 증대 등 시급히 해결해야 할 문제가 산적해 있는 실정이다. 이런 환경에서 현 지도부는 중국의 구조적 문제 해결 및 체질 개선을 위한 전략을 새롭게 제시하고 있는데, 핵심전략은 사람 중심의 신형도시화, 최저임금 인상 및 임금상승 유도를 통한 소득분배 개혁 등 민생 개선과 생산성 제고 및 지속가능발전 등을 목표로 제시하고 있다.

이와 동시에 현재 중국은 사회보장제도를 개혁 중이고 이 와중에 많은 난제들을 안고 있다. 이런 난제들에는 인구고령화에 따른 연금부담 증가와 줄어들지 않는 도시와 농촌의 격차 및 빈부 간의 소득격차 등이 포함되어 있으며, 이는 중국 사회보장제도가 풀어야 할 중요한 과제가 되고 있다. 그리고 이러한 사회보장의 결핍이 소요나 범죄 등 사회문제를 일으키는 중요한 원인이 될 수 있음과 동시에 이런 문제를 성공적으로 관리하는 것이 중국 특색의 사회주의를 유지하고 안정화시키는 핵심임을 많은 전문가들이 지적하고 있는 실정이다. 그러나 이와 관련한 중국의 사회보장제도 개혁은 개혁개방 이후 지난 40년 동안 가시적인 성과를 거두었지만, 장기적인 사회보장제도 수립 목표에서 보았을 때 지금까지의 개혁은 초보적인 수준에 속한다고 볼 수 있다.

　사회보장제도 발전 환경과 관련하여 중국의 개혁개방 이후의 경향을 보면, 먼저 이전과 달리 국영기업 및 공무원 대상에서 비국영 부문 노동자로, 도시지역에서 농촌지역으로 수혜 대상 확대를 통한 대상자 확대를 진행해왔다는 점을 볼 수 있다. 이와 함께 기본연금제도 등의 도입을 통해 퇴직자 및 노년층의 최저생활 보장, 각종 사회보장제도 재정운용에 있어 개인 기여부분을 확대하는 경향과 사회보장의 책임을 국가 또는 기업만 지는 것이 아니라 국가-기업-개인 3층 구조로 기여책임을 강조하는 경향을 볼 수 있다.

　중국의 사회보장제도 발전과 관련한 환경을 개략적으로 검토해보면, 가장 중요한 문제는 필요한 재원을 얼마나 안정적으로 확보할 수 있을 것인가 하는 점이다. 사회보장제도는 중국뿐만 아니라 다른 나라들에서도 공통적으로 재정 부담 주체의 다양화 및 유연화 된 노동시장 구조에 부응하는 제도 구축을 성공의 핵심으로 삼고 있다. 그러나 서로 재정 부담을 줄이려는 국가와 기업 간의 갈등, 하강 및 실업으로 인한 불안정한 고용 상태 증가, 산업구조 변화와 맞물린 비정형화된 고용 형태의 증가 등이 다양한 주체를 기반으로 하는 새로운 사회보장제도가 자리 잡는 데 어려움을 더하고 있다. 이러한 난점들은 중국에서도 마찬가지이고 이러한 맥락에서 중국의 사회보장제도 개혁도 이를 얼마만큼 달성하느냐가 열쇠가 될 것으로 본다.

중국 사회보장제도 발전방향

중국 사회보장제도 발전방향과 관련하여 앞에서도 일부 언급한 것처럼 개혁개방 이후 중국정부의 사회보장제도와 관련한 기본입장은 선성장 후분배였다고 할 수 있다. 그러나 이러한 입장은 두 가지 측면에서 압력을 받고 충격을 받아왔다. 하나는 경제성장, 다른 하나는 경제위기로부터 오는 압력과 충격이다. 이에 따라 많은 전문가들이 사회보장 문제가 이슈가 될 수밖에 없는 사회·경제 구조적 배경으로 사회양극화를 꼽고 있다. 사회양극화의 가장 대표적인 모습이 빈부격차의 심화라고 할 수 있으며, 이는 중국이 국가계획경제와 시장경제를 통합하여 운영하는 과정에서 드리우고 있는 어두운 그늘이라고 할 수 있다.

이와 더불어 중국 사회보장체계 구성과 관련한 검토에서 중요한 배경 중 하나로 언급되어야 할 것으로는 공산당 일당독재 정권의 안정적 유지라는 문제다. 이러한 공산당 정권의 안정적 유지를 위한 핵심적 과제는 경제성장과 대내갈등 통제를 통한 사회안정이다. 향후 중국이 표방하는 7~8%대의 지속적인 경제성장이 가능하기 위해서는 기존의 투자, 외수 중심에서 탈피하여 소비, 내수 중심으로 발전전략을 전환해야 한다는 것이 대내외 전문가들의 견해다. 투자가 감소하고, 소비가 늘어나기 위해서는 저축이 감소해야 한다. 저축이 감소하고, 소비가 늘어나기 위해서는 이를 담보할 수 있는 사회보장이 필요하다. 이처럼 중국의 사회보장 확충은 중국경제가 당면하고 있는 소비, 내수 중심으로의 경제발전 모형 전환을 위해서도 필요한 것이다. 결국 중국의 지속적 경제성장과 공산당 정권의 안정적 유지 발전을 위해서는 분배불평등 완화 등을 내포하고 있는 사회보장 확충이 핵심 관건임을 알 수 있다.

그러나 이런 사회보장제도 발전과 관련한 요구와는 달리 중국의 현실은 허술한 사회안전망이라는 모습으로 비쳐지고 있다고 본다. 예를 들어 중국의 사회보장제도는 여전히 친족의 돌봄을 전제로 하고 있어 노인부양에 대한 사회·경제적 부담을 자녀들이 지고 있다. 한편 중국은 서구사회가 수십 년에 걸쳐 이룩한 기초 사회보장제도를 지난 10여 년 만에 수립하였다. 10여 년간의 노력으로 사회보장의 범위는 확대되었으나, 제도의 실행에는 여전히 일관성이 결여되어 있고, 보장 수준은 부적절하며, 행정은 비효율적이고, 부패가 만연되어 있다.

또한 향후 중국은 지금 같이 낮은 수준의 급여 제공에도 급속한 인구 고령화로 인한 어려움을 겪게 될 것이다. 2012년부터 중국의 생산인구가 줄어들기 시작했기 때문이다. 그리고 중국 사회보장제도 운영주체는 지리적으로나 사회적으로 분할되어 있다. 연금, 의료, 사회부조 등 모든 사회보장제도가 호구제도와 맞물려 있어, 여러 가지 사회적 비용을 초래하고 있다. 가령 농촌에서 도시로 이주한 근로자가 건강보험의 혜택을 받기 위해서는 출신지역의 의료시설을 이용해야 한다. 도시에서는 공무원, 공공기관 종사자, 회사원, 거주자 등에 대해 별도의 연금제도가 운영되며, 혜택의 격차가 납득하기 힘들만큼 크다. 부패도 심해 한 예로 농촌지역에서 최소소득보장금을 받아야 할 가구 80%가 보장금을 지급받지 못했으며, 보장금 수령자 60%는 수급자격이 없던 것으로 조사되기도 하였다.

이런 사정에 대해 19차 중국공산당 전국대표대회에서 보고된 시진핑 2기의 사회보장제도 발전과 관련한 중점 과제를 살펴보면, 먼저 민생개선과 관련된 내용이다. 중국 현 지도부는 국민의 생활수요 만족과 발전에 따른 혜택의 공평한 향유, 사회보장체계 강화, 빈곤 퇴치, 건강한 중국 건설 등에 중점을 두고 있음을 볼 수 있다. 다음으로 교육 및 취업과 관련된 내용인데 이는 교육을 민생 개선의 첫 번째 과제로 제시하고, 취업 우선전략 추진을 제시하고 있다. 다음으로 소득분배와 관련하여서는 노동에 따른 분배 원칙을 재천명하고, 중산층 육성과 정부의 소득 재분배 기능 강화를 핵심으로 제기하고 있다. 이를 위해 소득분배에 중점을 두고 분배제도의 개혁과 임금제도 개혁을 중시할 것으로 예상된다. 이와 더불어 주택과 관련된 내용으로 현 지도부는 주택은 거주용을 기본으로 하여 투기를 방지하고, 임대와 주택 매매제도 확립에 중점을 둘 것으로 보인다. 마지막으로 역점을 두고 있는 것은 빈곤퇴출과 관련된 내용이다. 빈곤탈피와 관련한 공격적인 정책 수행을 통해 2020년까지 농촌 빈곤문제 해결을 천명하고 있다.

중국 사회보장제도 발전 전망

그러나 위에서 간략하게나마 살펴본 중국 사회보장제도 발전방향 검토와 관련하여 중국정부는 어려운 정치적 결정에 직면해 있다고 판단된다. 중국처럼 사회보장제도가 제대로 발달하지 않은 사회에서는 일반적으로 실업이나 퇴직 등으로 인해 지금의 소득이 미래에까지 안정적으로 보장되지는 않을 것이라는 사회적 공포가 상대적으로 더욱 크다고 할 수 있다. 이에 따라 그 위험과 공포를 사회안전망으로 상쇄하려는 욕구도 증가할 수밖에 없게 될 것이다. 즉, 미래에 예측할 수 없는 재난이나 사고의 위험에 대비하고자 하는 보험 욕구가 복지 확대와 소득 재분배에 대한 지지와 요구로 나타나고 있으며, 이런 경향은 더욱 강화될 것으로 예상된다. 개혁개방 40년은 충분한 시간은 아니므로 물려줄 자산이 있을 정도의 고소득층을 제대로 만들지는 못한 상황이다. 그러므로 그동안 상대적으로 개혁개방의 혜택을 많이 받은 전문직이나 물려받은 자산이 없는 중년층처럼 소득은 있지만 자산이 쌓이지 않은 이들을 중심으로 복지국가의 대중적 기반이 확립되고 있고, 이러한 기반이 더욱 광범위하게 형성될 가능성은 크다고 할 수 있다. 이와 같은 사회적 욕구 증대와 관련하여 전문가들은 중국이 지속가능한 사회보장제도를 수립하기 위해서는 어려운 정치적 결정이 필요하다고 지적한다. 이런 어려운 정치적 결정 내용 중에는 국영기업과 부자들의 기여를 늘리고, 지방정부를 위한 보다 안정적이고 장기적인 조세정책을 수립하며, 중앙정부의 감독 기능을 확대하고, 은퇴연령을 높이며, 사회보장 혜택의 불공평성을 낮추어야 한다는 등의 내용이 포함될 것으로 판단된다.

이와 관련하여 중국의 사회보장제도에 대한 전망을 보면, 당분간은 사회보장제도에 있어 국가발전 목표로서 경제발전과 정치사회적 안정 간의 균형을 유지할 것으로 전망된다. 이런 전망의 배경으로는 이제까지 진행되고 있는 노동집약적 경쟁력을 갖추기 위해서는 복지비용 지출 증가에 대한 제한이 필요하기 때문이다. 그리고 그 이후부터는 본격적으로 성장모델 전환을 위한 사회보장시스템 강화, 소득분배 및 임금상승, 공공주택 및 사회안전망 확충 등의 사회보장체계 강화가 본격적으로 요구되고 강화될 것으로 예상된다.

　　이처럼 이후부터는 빈부격차 극복을 위한 합리적인 소득분배, 도시와 농촌 간의 균형성장, 민생을 위한 공공서비스 확대 등이 기본적인 방향으로 제시되면서, 개인소득과 국가소득이 함께 연동되어나가는 방향으로의 전환이 있을 것으로 예상된다. 이런 사회보장체계 강화와 함께 주택, 의료개혁, 연금제도 보강 등도 동시에 다져나갈 것으로 보인다. 이러한 시도들은 강한 국가에서 국민이 잘사는 나라로 전환한다는 포용성 성장 개념으로 제시된 바 있고, 이 개념이 실질적으로 사회보장체계 강화에 적용될 수 있도록 하는 조처들이 향후 중국 사회보장제도 개혁 방향의 중요한 내용이 될 것으로 판단한다. ●

● 서운석 | 중국인민대학교에서 관리학 박사 학위를 받았으며, 주요 연구영역은 지역비교, 사회인식, 보훈복지 등이다. 서울시립대에서 연구교수를 역임했으며, 현재 한국보훈복지의료공단 보훈교육연구원에서 연구원으로 재직 중이다. 주요 논문으로는 「중국 보훈복지 토대로서의 사회보장제도 검토」 등이 있고, 주요 저서로는 『소통과 복지 그리고 신뢰』 등이 있다.

16장

중국형 소비시장의 형성

천천(陳晨) 성균관대학교 성균중국연구소

개혁개방 40년 동안 중국 대중이 가장 체감하는 변화는 소비 분야의 변화다. 가처분소득은 빠르게 증가했고 엥겔지수는 1978년의 63.9%에서 2017년의 29.3%까지 하락했다. 기본생활에 대한 만족도가 높아지면서 관광, 문화, 레저 등 여가 소비와 서비스 소비에 대한 요구가 증가했고, 이에 소비 유형이 생계형에서 향유형으로 전환하고 있다.

선진국의 경험을 보면, 소비의 발전단계는 대체적으로 경제성장의 단계와 유사한 행보를 보인다. 일반적으로 경제의 고속성장 시기에 사회는 대규모 생산이 가능해진다. 이로 인해 전반적인 가처분소득이 증가하며 소비는 "대중화 시대"에 진입한다. 경제수준이 일정한 수준에 이르면 소비에서는 상품의 기본적인 가치 추구보다 더 높은 수준의 요구가 발생한다. 브랜드에 대한 선호도가 증가하며 소비의 고급화, 개성화, 다양화를 강조하는 "업그레이드" 단계에 진입한다. 경제성장이 완화되면 저출산, 계층 양극화, 환경오염 등 사회의 다양한 문제들이 수면 위로 부상하고, 이는 물적 만족감보다 정신적 만족감을 더욱 추구하는 경향으로 이어져 여가, 오락, 문화 등 서비스 소비의 증가를 이끈다. 동시에 가성비를 중시하는 이성(理性)적인 소비로 회귀하며 심플하고 소박한 소비문화를 조성한다.

　　개혁개방 이전, 계획경제를 시행한 중국은 배급제도에 의한 생산과 소비 활동을 진행했다. 물적 자원이 절대적으로 부족했기 때문에 정부가 가구 수에 따라 배급하는 표, 예를 들어 양표(粮票), 육표(肉票), 유표(油票), 포표(布票) 등을 받아 식량, 육류, 식용유, 직물 등 생필품을 구매했다. 물론 이러한 표와 함께 비용을 지불해야 물건을 구입할 수 있었고, 원하는 수량이 아닌 표에 명시된 수량만을 구입할 수 있었다. 소비는 국민경제의 생산과 재생산에서 가장 기층에 있는 단계로, 계획경제에서 소비자는 경제생활에서 피동적인 역할에 그칠 수밖에 없다. 즉 정부가 판매하는 대로 구입할 수밖에 없고 소비자로서 능동적인 선택을 할 여지가 제한적이다. 그러나 시장경제체제에서는 소비자의 취향, 특성, 습관, 선호도 등에 따라 소비 트렌드가 형성되며 생산의 품목, 수량, 방식 등에 큰 영향을 미치기 때문에 생산과 재생산을 좌우할 수 있는 역량을 가진다. 따라서 소비자는 생산과 재생산의 순환 과정에서 소비를 촉진하는 동력이 될 수 있을 뿐만 아니라 소비의 방향성을 좌우하는 풍향계가 된다. 계획경제체제에서 중국의 소비자는 피동적인 역할에 머물렀지만 개혁개방을 통해 계획경제체제가 단계적으로 시장경제체제로 전환하며 시장의 역동성이 제고됐고, 국민소득은 빠르게 상승하기 시작하며 소비자의 역할이 능동적이고 역동적이며 적극적으로 전환 수 있었다.

소비 변화의 특징

소비규모의 확대. 2018년을 기준으로 중국의 연간 GDP는 14조억 달러에 이르는 세계 2위의 경제대국으로 부상했다. 2017년 최종소비가 GDP의 52.6%를 차지하고 GDP 기여도는 80%에 육박한다. 소비가 중국의 경제성장을 이끄는 명실상부한 동력이 된 것이다. 중국 사회소비재 소매총액(Total Retail Sales of Consumer Goods)[1]의 변화를 살펴보면, 지난 40년 동안 연평균 15%의 성장률을 기록하며 2017년 36조 6,262억 위안을 기록했다. 미국에 이어 세계 2위의 소비국으로 부상한 중국은 2020년에 즈음하여 미국을 초월해 전 세계 최대의 소비시장이 될 것으로 전망된다. 개인차원에서의 소비는 소득 증가와 밀접한 관계가 있다. 2017년 기준 중국의 1인당 가처분소득은 25,947위안으로, 40년 동안 8.5%의 연평균 성장률을 기록했다. 이는 1978년에 비해 무려 22.8배 증가한 수치다. 소비 역시 연평균 7.8%의 증가율을 보이며 18배 증가했다.

오늘날 중국 소비시장에서 온라인 소비의 부상을 언급하지 않을 수 없다. 중국은 이미 거래규모, 소비자 등에서 세계 최대의 온라인시장을 보유했다. 8억 명의 중국 네티즌 가운데 온라인 쇼핑 이용자와 온라인 결제 이용자는 각각 5.57억 명과 5.66억 명으로 추산된다. 2017년에

---

1 사회소비재 소매총액은 국민경제 각 분야가 개인 또한 사회조직에 직접 판매하고 제공하는 소매 상품과 요식업 소비의 총량을 의미하기 때문에 다양한 소비 관련 통계 지표 중에 국내 소비수요 상황과 시장 경기 상황을 가장 직관적으로 반영하는 자료다.

그림 1. 중국 1인당 가처분소득과 소비의 변화 추이(1978-2017)

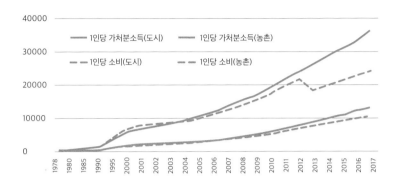

출처: 국가통계국
주: 2013년 도시 1인당 소비의 변동은 국가통계국의 통계방식 변경에 의해 발생

만 온라인을 통한 소매총액은 전년 동기 대비 32% 증가한 7.18조 위안을 기록했고, 전체 사회소비재 소매총액의 1/5 이상이 온라인을 통해 이루어졌다. 이는 중국의 인구 보너스와 정보통신기술의 성장에 따른 "후발주자 우세"를 극대화한 결과일 뿐만 아니라 중국 온라인 플랫폼과 모바일 결제시스템의 활성화, 이에 적합한 유통구조와 마케팅 전략이 복합적으로 어우러진 결과다. 일례로, 올해 11월 11일 중국 최대의 온라인 쇼핑 축제인 '광군절'의 당일 거래 규모는 3,000억 위안(약 48.6조원)으로, 이 규모는 금년 3분기(7-9월)한국 전체 온라인 거래 총액(28.07조원)의 1.7배에 이른다.

이와 같은 소비시장의 급격한 성장은 개혁개방의 성과로 볼 수 있다. 한 가지 유의할 점은 중국의 국민소득과 소비 증가가 개혁개방의 추진과 지속적으로 병행된 것이 아니라 뚜렷한 단계성을 나타내고 있다는 사실이다. 〈그림 1〉에서 보는 바와 같이 국민소득이 본격적으로 빠르게 증가한 시기는 1990년대 이후다. 도시와 농촌의 격차도 바로 이 시기부터 확대되기 시작한다. 사실상 1978년에 개최된 11차 3중 전회에서 시장경제로의 전환이라는 방향성이 결정되었지만 경제체제의 전환이 한 번에 완성될 수 있는 사안이 아니기 때문에 당 내부에서도 계획경제와 시장경제, 사회주의와 자본주의의 관계에 대한 논쟁이 치열하게 전개되었다. 따라서 실제로 1978년 이후 오랫동안 "대내 개혁"이 매우 순조롭게 추진되었다고 할 수 없으며 시장화 개혁의 성과도 물론 뚜렷하지 않았다. 개혁개방 초기에 내세운 "계획경제를 위주로 하고, 시장경제를 보충으로 한다(計劃經濟爲主, 市場經濟爲輔)"는 원칙은 1984년 12차 3중 전회에서야 비로소 "공유제를 기반으로 하는 계획적인 상품경제(公有制基礎上的有計劃商品經濟)"로 재정립되었다. 즉 "계획경제 위주"라는 표현을 삭제하며 계획경제와 시장경제의 양립관계를 "상호 보충하고 보완하는" 관계로 재해석함으로써 중국 현대화 건설의 이론적 근거를 정리했다. 1989년 천안문 사건 이후에도 개혁개방 노선의 지속에 대한 논쟁이 표출되었지만 1992년 덩샤오핑의 남순강화를 통해 개혁개방 노선이 확정되면서 다양한 비공유체제가 새로운 발전단계를 맞이했다. 중국 소비의 증가는 결국 개혁개방 이후 시장경제가 본격적으로 전개되고 심화되는 궤적과 일치하며 1990년대 이후부터 빠르게 증가한 것이다.

소비 구조의 변화. 중국의 엥겔지수는 1978년의 63.9%에서 2017

그림 2. 중국 가정의 소비구조 변화(1992-2016)

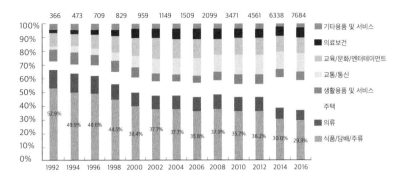

출처: 국가통계국, World Bank, 國泰君安증권연구소
주: 2013년 이후 소비구조의 부분적인 변화는 국가통계국의 통계방식 변경에 의한 발생

년의 29.3%로 하락했다. 이는 국민 소비가 의(衣)·식(食) 위주의 생계형에서 보다 높은 단계인 삶의 질적 향상을 추구하는 단계로 전환하고 있다는 사실을 의미한다. 1992년 이후 중국 가정의 소비 구조를 보면(그림 2), 교육, 문화, 레저, 의료, 엔터테인먼트, 서비스 등에 대한 소비 비중이 증가하며 물적 소비에 대한 수요보다 정신적 만족감을 충족하기 위한 수요를 추구하는 변화가 나타났다. 해외관광 소비를 예로 보면, 2017년 해외관광객과 이들의 소비총액은 각각 1.3억 명과 1,153억 달러를 돌파했다. 태국, 한국, 일본 등 중국인 관광객이 많이 찾는 국가에서 중국 소비자가 관광명소와 면세점을 "독점"하는 현상은 더 이상 낯설지 않다. 중국인 관광객이 일본에서 폭풍구매를 하는 행동으로 인해 "爆买(ばくがい)"라는 신조어가 탄생할 정도로 중국 소비자의 구매력이 돋보이고 있다.

소비의 질적 향상. 거시적인 측면에서 보면, 소비의 업그레이드는 총량과 구조의 변화 이외에도 질적 향상이 포함되어 있다. 대표적인 현상으로는 브랜드 중시, 가성비가 아닌 가심비(가격 대비 심리적 만족)의 강조, 소비자 유형의 세분화에 의한 소비의 차별화 등이 있다. 1970년대 중국 가정에서는 손목시계, 자전거와 재봉틀 등 소위 "3대 물건(三大件)"이 가장 선호하는 살림살이었다. 그러나 개혁개방 이후 1980-1990년대에 경공업과 제조업이 발전하고 수출입이 활발하게 진행됨에 따라 대중소비의 시대에 접어들며 텔레비전, 세탁기와 냉장고가 "신(新)3대 물건"으로 등장했다. 2000년대 들어 중국이 WTO에 가입하며 세계시장과의 연계성이 더욱 긴밀해졌다. 디지털 시대의 물결이 중국에 유입되며 중국 대중들의 소비도 새로운 시대를 맞이했고, "3대 물건"은 휴대전화, 컴퓨터, 자동차로 대체됐다.

이처럼 40년 동안 대중들의 일상생활에 질적 변화가 발생하고, 생활환경이 개선됨에 따라 품질을 중시하는 소비를 추구하기 시작했다. 또한 개혁개방과 비슷한 시기부터 실시한 출산제한(計劃生育)정책으로 중국의 핵가족화가 급격하게 진행되었다. 이 시기 태어난 바링허우(80後), 주링허우(90後)와 같은 외동세대는 중국사회의 급변과 함께 성장하며 기성세대와 다른 소비관념과 소비패턴을 갖게 되었다. 이들은 국내 소비시장은 물론 세계 사치품 시장에서도 주목을 받으며, "소비자의 저령화"라는 특징을 보이고 있다. 중국 소비자의 평균연령은 30세 미만으로 세계 평균치에 비해 매우 젊은 특징이 나타난다. 2017년 전 세계 사치품 매출의 32%가 중국 소비자에 의해 이뤄졌고, 2025년에 이르면 이 비중이 44%까지 확대될 것으로 전망된다.

소비 트렌드의 차별화. 미국, 일본 등 선진국의 소비패턴은 경제성장 단계와 함께 "대중화 → 품질화(소비 업그레이드) → 이성(理性)화"의 단계별 변화가 나타난다. 그러나 지금까지의 중국 소비 트렌드를 회고해보면, 지역 간 균형을 고려하지 않은 경제성장 전략으로 인해 도시와 농촌뿐만 아니라 도시 사이에서도 경제적 격차가 증대되며 소비의 발전단계도 다양한 형태로 나타났다. 1선 도시에서 소비의 이성화 추세가 이미 나타난 반면, 2선 및 3선 도시에서는 여전히 소비 업그레이드 경향을 뚜렷하게 확인할 수 있다. 다수의 농촌은 이제야 비로소 온라인 보급이 시작되었고, 소비는 아직 대중화 단계에 머물러 있다. 즉 다른 국가와 달리 중국의 소비 트렌드는 단순히 시기별로 구분하기 어렵고, 동일한 시기에도 지역적인 차이가 두드러진 특징을 가지고 있다.

구체적으로 보면, 최근 중국의 1선 도시에서 나타나고 있는 소비의 이성화 현상은 소비 업그레이드의 특징과 상반되는 부분이 많기 때문에 "소비 다운그레이드(消費降級)"라고 칭하기도 하지만, 이를 단순히 소비위축 혹은 소비퇴행으로 볼 수 없다. 명품과 브랜드에 대한 추구가 감소한 반면, 상품 본연의 가치와 품질을 강조하며 소박하고 실용적인 소비를 추구하기 때문이다. 현재 중국의 주요 전자상거래 플랫폼에서는 이러한 소비자를 대상으로 맞춤형 플랫폼, 예컨대, 넷이즈닷컴은 왕이옌쉔(網易嚴選)을, 샤오미는 미쟈유핀(米家有品)을, 징동닷컴은 징자오(京造)를 개설하여 운영 중이다. 이와 대조적으로 2-4선 도시에서는 소비 업그레이드 추세가 여전히 강하게 나타나고 있으며 농촌에서는 전자상거래가 확대되는 단계에 진입했다.

소비 변화의 원인

국가 현대화를 통한 경제성장과 소득증가, 소비증가는 보편적인 현상이자 당연한 결과다. 그러나 1970년대 최빈국에 불과했던 중국이 오늘날 전 세계 최대의 소비시장으로 성장할 수 있었던 이유는 다른 국가와 다른 경험을 축적했기 때문이다.

불균형·불평등 발전에 대한 허용. 신중국 성립 이후 견지해온 사회주의 평균주의 체제는 개혁개방의 시작과 함께 퇴색되었다. 동남부 연해 지역이 우선적으로 발전했고, 외자기업에 대한 초국민대우가 제공되었다. 또한 다양한 형태의 특구, 개발구, 실험구, 자유무역구 등이 조성되었다. 덩샤오핑의 선부론(先富論)은 개혁개방 이후 상당한 기간 동안 논쟁이 있었지만 결과적으로 중국이 현대화의 성과를 거둘 수 있었던 획기적인 결정이었다.

일부에서는 덩샤오핑의 선부론을 엘리트주의의 상징으로 오해하기도 하지만 이는 편향된 해석이다. 개혁개방 이전의 중국사회는 "가난(貧)"했지만 "안락(安樂)"했다. 평균주의를 지향하는 체제에서는 모두가 가난하기 때문이다. 그러나 개혁개방은 평균주의의 한계를 극복하며 "노동에 따른 분배(按勞分配)" 원칙을 도입했다. 노력한 만큼 대가를 얻는다는 이 원칙은 결과적으로 소득의 불평등을 초래했지만 다른 시각으로 보면, "기회의 평등", 즉 출신성분에 관계없이 개인의 노력을 통해 부를 축적할 수 있는 기회의 문이 열린 것이다. 개혁개방 이후 중국정부가 사실상 불균형적이고 불평등한 발전을 허용하면서 가장 많은 혜택을 누린 사람은 간부, 지식인 등 소위 사회의 엘리트 계층이 아니라 "가장 부유해지고 싶은 욕심쟁이들"과 "과감하고 착실한 실천자들"이었다.

과감한 개혁의지와 도전정신. 흔히 중국의 일당체제에 대한 지적이 많지만 개혁개방의 추진과 시행에서는 이러한 일당체제가 오히려 장점이 되었다. 기존의 경제체제를 폐지하고 새로운 체제로 전환하는 것을 "개혁"이라고 하지만 그 어려움은 "혁명"에 가깝다. 개혁개방에 둘러싼 논쟁이 1990년대 초반까지 지속되었지만, 결국 내부의 갈등을 극복하며 개혁개방 노선을 견지할 수 있었던 이유는 단호하고 과감한 정치적 역량, 즉 정책 방향에 대한 반대가 있어도 내부적으로 합의가 가능하고 정책을 강력하게 추진할 수 있는 정치체제가 보장되어 있었기 때문이다.

"모든 개혁은 위법으로부터 시작된다"는 비유와 같이 새로운 제도적 혁신을 위해서는 단호하고 과감한 의지가 필요하다. 개혁개방의 역사에서 농가 생산 청부제(聯産承包責任制), 국유기업의 권한이양과 이익 공유, 혼합소유제 개혁 등의 조치 모두 법과 경험이 전무한 상태에서 시작되었다. 이러한 특성은 최근 중국 소비시장의 변화에서도 쉽게 발견된다. 모바일 결제에서 왕홍(網紅)경제까지, 공유 자전거에서 온라인 차량

그림 3. 중국 도시와 농촌의 소득 및 소비 격차(2000-2017)

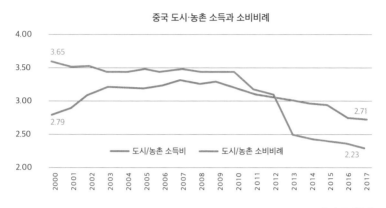

중국 도시·농촌 소득과 소비비례

출처: 국가통계국

예약(網約車) 서비스까지, 새로운 경제모델의 탄생과 시장화는 항상 법과 제도의 수립보다 앞서 진행되었다. 아이러니하게도 바로 이러한 "법에 금지하지 않는 것을 다 할 수 있다(法不禁止即可爲)"는 발상이 수없이 많은 문제와 사회적 리스크를 초래한다. 중국사회가 가장 많은 비판과 지적을 받는 이유이기도 하다. 그러나 부인할 수 없는 사실은 "앞뒤를 가리지 않고" 도전하는 방식을 통해 중국은 혁신을 추진하고 비약적인 성장을 실현했다.

최근 소비시장의 발전에서 정부가 개입을 자제하며 "손을 떼고 지켜보는" 경향이 나타나고 있다. 신소비(新消費), 쌍창(雙創, 大眾創業 萬眾創新) 등 신경제 부문이 기본적으로 "방임(放任)형 성장"의 형태를 보이는 상황에서 중국정부는 시장 환경의 개선과 문제 해결을 위한 법과 제도의 보완에 주력하고 있다. 2015년 중국정부가 〈생활형 서비스업 발전 및 소비구조 업그레이드에 관한 지침(關於加快發展生活性服務業促進消費結構升級的指導意見)〉, 〈신공급·신성장동력 육성 가속화를 위한 신소비의 경제성장 견인 역할 강화에 관한 지침(關於積極發揮新消費引領作用加快培育形成新供給新動力的指導意見)〉을 발표하면서 향후 소비의 성장을 위해 더욱 적극적인 행보에 나설 것으로 전망된다.

나가며

마지막으로 지적하고 싶은 사실은 개혁개방 이후 확대된 소득 불평등 문제다. 선부론의 발전전략은 개혁개방의 초기에 낙후된 생산력을 향상시키고 국민 소득과 소비를 증가시키며 전반적인 삶의 질을 개선하는데 크게 기여했지만 불균형적인 성장전략으로 소득 불평등이 확대되는 결과를 초래했다. 지니계수는 개혁개방 이전 0.3 미만 수준에서 지난 10여 년 동안 0.48 수준에 머물러왔고 도시와 농촌의 소득 및 소비 격차는 세

표 1. 중국 국민 연간 가처분소득 5분위

단위: 위안

구분	2013	2014	2015	2016	2017
하	4,402	4,747	5,221	5,529	5,958
중하	9,654	10,887	11,894	12,899	13,843
중	15,698	17,631	19,320	20,924	22,495
중상	24,361	26,937	29,438	31,990	34,547
상	47,457	50,968	54,544	59,260	64,934

출처: 국가통계국

계 선진국에서 찾기 힘든 수준에 이르렀다(그림 3). 최근 3-4년 중국정부의 공식입장은 소득 격차가 축소되고 있다고 하지만 소득 불평등이라는 가혹한 현실을 여전히 감당하기 버겁다.

국가통계국이 발표한 자료에 의하면 2017년 전국 가처분소득 중위수는 22,408위안으로 평균치의 86%에 그쳤다. 가처분소득 5분위 분포를 보면(표 1), 2017년 상위 20% 고소득층 가처분소득이 6만 5천 위안에 육박하는 반면, 최하위 저소득층 가처분소득은 6천 위안 미만으로, 무려 11배나 차이가 난다. 14억의 중국인구 가운데 상위 20%는 2.8억 명, 이보다 더 상위에 있는 10%는 1.4억 명으로, 일본 전체 인구에 상당하다.

이를 감안하면 오늘날 중국의 "소비성향"을 더욱 객관적으로 이해할 수 있다. 명품을 비롯한 사치품, 해외관광, 고급호텔, 비행기의 퍼스트클래스 등과 같은 호화로운 소비가 확대되었다고 해서 이를 중국 전체의 소비성향으로 간주하기에는 무리가 있다. 얼마나 많은 중국인이 이와 같이 소비할 수 있을까? 사치품, 해외관광 등과 관련된 통계는 중국 소비시장의 규모에만 초점을 맞춘 것일 뿐, 이러한 소비가 중국 전체 소비에서 차지하는 비중은 아주 극소수라는 사실을 간과하고 있다. 따라서 이를 토대로 중국 소비시장의 현황, 트렌드, 전반적인 변화를 해석하는 방법에는 한계가 있다.

또한 다수의 중국 소비자 연구는 1선 도시를 중점적인 연구대상으로 간주하거나 가중치를 부여한다. 2017년 중국 1선 도시의 호적인구는 4,100만 명이고, 중국 농촌의 빈곤 인구는 3,000만 명이다. 개혁개방 40년 동안 중국 국민들의 소비가 크게 증대한 점은 사실이나 대다수 중국 소비자들의 입장에서 보면 여전히 대중소비에서 품질소비로 나아가는 기점에 있을 뿐이다. 따라서 중국이 진정한 소비주도형 국가로 성장하기에는 여전히 갈 길이 멀다.

소비는 미래 소득에 대한 자신감과 소비에 대한 예상에 의해 좌우된다. 지난 40년 동안 경제의 고속성장으로 소득과 소비가 빠르게 증가했지만 성장속도가 완화되며 소득 증가는 한계에 직면했다. 이러한 상황은 사회복지, 특히 양로, 의료 등에 대한 부담을 초래한다. 급격한 인구 노령화로 인한 불확실성이 더욱 확대되고 있지만 사회복지는 여전히 미흡한 부분이 많다. 다행히도 2016년 이후부터 최저임금 인상, 통신료 감면, 개인 소득세 기준 인상, 기업세금 감면, 정년연장 등 국민소득을 제고하고 소비를 절감하는 실속형 민생정책이 점진적으로 추진되고 있기 때문에 단기적인 측면에서 보면 중국의 소비시장은 낙관적이라 할 수 있다. ●

● 천천(陳晨) | 성균관대학교에서 사회학 박사학위를 받았으며, 주요 연구영역은 가족사회학, 한중 사회 비교연구이다. 현재 성균관대학교 성균중국연구소에서 책임연구원으로 재직 중이다. 주요 논문으로 「부부 비동거의 거주형태와 성역할관이 부부관계만족도에 미치는 영향: 성별 비교를 중심으로」 등이 있다.

성균중국연구소

학계를 대표하는 중국 연구소. 주요 중국 이슈마다 국내 및 중화권 언론에서 취재에 나설 정도의 공신력을 인정받고 있다. '중국방안', '복합차이나리스크', '한중 거버넌스', '중국모델' 등을 주제로 한 국제학술회의를 통해 새로운 학문 어젠다를 발굴했고, 이를 정책영역에 제공하는 가교 역할을 수행하고 있다. 이러한 연구 성과는 국·중문 계간지인 『성균차이나브리프』와 『成均中國觀察』에 소개되면서 아시아권 중국 연구자들과 오피니언 리더들에게 많은 호평을 얻고 있다. 고급회원을 대상으로 비공개 'CEO 정책리포트'와 수시발간 보고서도 가장 읽을 만한 내용을 담고 있다는 평가를 받았다.

또한 정부와 중국진출 대기업 등에 심층적 자문 활동을 병행하면서 학문과 정책의 교량역할을 하고 있으며, 대학 연구소 본연의 목적에 부합하는 기초연구를 강화해 '중국 공산당 엘리트', '중국의 한반도 인식과 연구자 정보', '중국 지방정부 지도자', '중국도시', '북중관계' 등에 관한 괄목할 만한 데이터베이스를 구축했다. 국제적 협력연구의 중요성을 인식하고 보아오(博鰲)아시아 포럼, 중앙당교 국제전략연구원, 베이징대 국가거버넌스연구원, 일본 와세다대학, 대만정치대학 동아연구소, 지린대학 공공외교학원, 화교대학 등과 학술 협정을 체결하여 공동연구와 국제세미나 등을 통해 중국연구의 국제화와 한국형 중국 연구의 확산을 시도하고 있다. 이러한 다양한 연구 활동을 인정받아 2017년 이후 매년 〈한경 Business〉에서 꼽은 2018년 대한민국 외교안보 싱크탱크 중 중국 연구기관으로 유일하게 선정되었다.

중국 솔루션: 중국 개혁개방 40년을 보는 한국학계의 시각

1판 1쇄 인쇄 2018년 12월 7일
1판 1쇄 발행 2018년 12월 14일

기획	성균중국연구소
책임편집	이희옥·양철
펴낸이	정규상
편집	현상철·신철호·구남희
외주디자인	장주원
마케팅	박정수·김지현

펴낸곳	성균관대학교 출판부
등록	1975년 5월 21일 제1975-9호
주소	03063 서울특별시 종로구 성균관로 25-2
전화	02)760-1253~4
팩스	02)760-7452
홈페이지	http://press.skku.edu/

ISBN 979-11-5550-298-3 03340

잘못된 책은 구입한 곳에서 교환해 드립니다.